因為生活太單調

所以要在日常加點儀式感

以微薄薪資
把生活過成詩

楊洋 — 著

日常儀式感！轉單調生活為品味生活
在平凡中尋找意義，從樂觀與內在平和出發
走出舒適圈，選擇你想要的人生

目錄

自序

　　儀式感，為平淡的生活塗上美麗的色彩。

　　小時候，我最盼望的日子有兩個：一個是過春節，另一個就是我的生日。

　　每次過春節的時候，家裡會準備很多我平時吃不到的美食，母親會幫我買平時捨不得買給我的漂亮衣服。更重要的是，姑姑會帶著表姐、表哥他們來拜年、發紅包。

　　過春節那幾天，每個人臉上都洋溢著節日的喜悅。我也是在那個時候，了解了各式各樣的春節習俗，體會到了人世間的親情……那時候，我和哥哥姐姐們最大的心願就是：「希望每天都過得像春節時那麼開心、快樂！」

　　第二個最盼望的日子──我的生日，生日當天家裡雖然不像過春節這麼熱鬧，但父母會精心地為我準備禮物、煮長壽麵、煎荷包蛋，在搖曳的燭光前，在父母疼愛的眼神中許下生日願望……當蠟燭被幸福滿滿的我吹滅時，父母的掌聲和祝福聲同時響起的那一刻，我會熱淚盈眶，並且發自內心地說：「爸、媽，我好愛你們。」

　　每一次我過生日時，心中滿是殷殷的期盼，期待爸爸能早點回家、期待媽媽不要太累、期待他們送我的禮物、期待他們

暖暖的祝福話……長大以後，我每每想起小時候跟家人一起過的春節和我的生日時，心中都會升起一種神聖感，精神也會莫名地興奮起來。現在我才知道，那種對春節、對生日的期待，就是生活中的一種「儀式感」，這種期待能讓我們在平淡無奇的生活中發掘到意想不到的樂趣！

有位作家朋友說：「生活就是一面鏡子。你對她好，她才會對你好；你把儀式感帶進生活中，生活就會回饋給你美麗的心情和詩意的人生。」

一位剛大學畢業的朋友，在職場上碰到很多釘子後，終於找到一份工作，因為她沒有工作經驗，她的起薪很低。她在試用期過後，薪資只發了八成。這一點薪資，交完房租後所剩無幾。

但她用這微薄的薪資，把生活過成了詩的樣子：

在平時的工作中，她每次有一個好的創意，或是每個月發薪日時，她都會為自己準備禮物來犒勞自己。

她為自己準備的這些禮物中，有些是花錢買自己心儀的衣服，有些是自己下廚煮愛吃的飯菜，有些是親手做一些小飾品來布置房間……別看這些給自己的獎勵既不值錢也不起眼，但經常會讓她快樂好長一段時間。因為快樂，她工作起來精神百倍；因為快樂，她的笑臉吸引了很多人；因為快樂，她做任何事情效率都很高。現在的她，在試用期過後被主管通知，提前轉為正職了。

在轉為正式員工的這天，她把自己親手烘焙的蛋糕和咖啡豆帶到公司，請同事們品嚐後，大家紛紛讚不絕口，而她收穫的則是大家的快樂和真摯的友情，還有同事之間相處融洽的溫馨氛圍。

「儀式感」不需要多少的物質做基礎，它所展現的是我們對生活的尊重和熱愛，一頓營養美味的早餐、一束鮮花、一個小小的禮物，都能賦予生活儀式感，都能帶給我們一種不一樣的心動和感動。

生活雖是平凡、瑣碎的，但她又是美好、溫柔的。這取決於你如何對待她：你若敷衍、應付生活，那麼生活回饋你的就是一塌糊塗；你若賦予生活儀式感，那麼生活回饋給你的就是一個又一個的驚喜。總之，只要你對生活有足夠的熱愛與重視，那麼生活也會用另一種方式重視你、熱愛你！

「人的一生」說長不長，說短也不短。如果你想讓每一天變得特別、變得有趣、變得有意義、變得豐富多彩，那麼熱愛生活、擁抱生活，做一個生活的有心人，花點小心思、用點小心計，人為地在生活中為自己和身邊的人創造一個個小驚喜、小感動，讓平淡無奇的生活變得充滿熱情、多彩繽紛！

美好的生活需要豐富的色彩來裝飾，無論你此時處於什麼樣的境遇，都不要忘記為生活製造一些儀式感，努力把生活過成你想像中生動有趣的樣子，讓你平凡的人生開出最美的花朵！

第一章　儀式感，
讓平淡的日子變成有品味的生活

儀式感，本身就是一種品味

什麼是儀式感？

所謂儀式感，是人們表達內心情感最直接的方式，例如春節、情人節、聖誕節等等。

我所理解的儀式感，就是人們從平淡枯燥的生活中，選擇一個特別的日子來紀念，例如結婚紀念日、生日等等。由於這一天曾經發生過有意義的事情，才使這一天與眾不同，同時，由於這一天記錄著我們美好的回憶，所以，每年到了這一天，我們會有一種莫名的快樂，為了把這一天過得好、過得精彩，我們通常會買一些紀念品，再用心地準備一頓豐盛的宴席。總而言之，就是把這一天過得既開心，又有意義。

一個在生活中注重儀式感的人，是一個「懂」生活、「會」生活、「有情趣」的人！對於這些人來說，生活是一種享受，也是一種樂趣。即便是一天簡單的三餐，他們也會充滿熱情地去做。

我有一位設計師朋友，工作十分繁忙，但她每次用餐，都會精心地準備食物。即便是在公司用餐，她也會用心地布置餐桌，鋪上綠色蔬菜瓜果圖案的桌布，散步到公司附近的商店，買一些有機瓜果，用小刀削好、切好後，有次序地擺放在精緻的盤子裡。

遠遠一看，那飯後的水果，就像一朵盛開在春天的花。

擺設好水果後，她把花瓣擺在圖案別緻的盤子上，再撒上她從超市買的香菜、蔥花，讓人看了特別有食慾。

用餐前，她會播放一段音樂，然後把一起加班的同事邀來，在悠揚舒緩的樂曲中，一起品嘗著精心準備的餐點，那種浪漫的氛圍，既讓人放鬆又感覺愜意，真是富於生活樂趣！

每天在詩一般的環境中用餐，你的食慾會大動，且心情愉快，當一個人心情愉悅時，就算是在生活或是工作中碰到很大的困難，你也會用最好的狀態去面對、去解決。

用一種儀式感對待生活，既會讓你體會到生活本身一種單純的美好，又會讓你體會到生活中，那些被輕易忽略的小細節，同時，還會讓你把每一個普通平凡的日子都當作有紀念意義的日子。當我們為每一個平凡的日子舉行一些不一樣的儀式時，生活就有了品味。

你的生活呈現出什麼狀態，完全取決於你自己對生活的追求。例如有儀式感的餐桌，會喚起我們對生活的熱情，因而讓我們去更好地表達出內心的那份純真，在這個快速緊湊的工商社會中，讓生活充滿鮮活又富有樂趣。

還有一位編劇朋友，每次在寫作前，她會化上一個淡淡的妝，換上漂亮的衣服，再播放幾首她最喜愛的歌曲……她說，在這樣的氛圍中，才會有寫作的衝動，在她投入到寫作中時，她自己就化身為劇中的角色。在劇中，她分別扮演著不同的角

色，自己與自己鬥智、鬥勇，這一切都讓她樂在其中。

因為心情愉快，她寫出的劇本品質和效率要比同行高出很多。

看來，無論我們做什麼事情，有儀式感的人，總是比那些沒有儀式感的人，做事更有態度，更能享受事情本身，因而其效率會事半功倍。

然而，在生活中，很多人認為儀式感是多此一舉、是做作、是裝假。正因為有這樣的想法，這些人的生活才過得一團糟。久而久之，把原本美好的日子過得狼狽不堪。

人的一生是很短暫的，說得通俗一點，我們每過完一天，就少了一天。那麼我們為何不用心地對待每一天呢？當你用自己喜歡的方式過好每一天時，你會發現「生活原本如此美好」，當你把愛融入到每一天的時光中時，你會把短暫的一天過得豐富多彩、妙趣橫生，使這一天因為富有意義而變得與眾不同！

儀式感是對生命的一種尊重，是對生命的敬畏與珍惜。正如法國文學家托馬斯・布朗爵士（Sir Thomas Browne）所說：「你無法延長生命的長度，卻可以掌控它的寬度；無法預知生命的擴展，卻可以豐富它的內涵；無法掌控生命的量，卻可以提升它的質。」

有兩個富翁都患上了絕症，他們的生命都只剩下五十天了。在他們得知這個消息後，兩個人的反應差別很大。

　　第一個富翁，在得知自己快要死了，想到自己辛苦賺來的錢卻無福享受，心裡十分委屈，整天長吁短嘆，抱怨連連，惹得周圍的人都不敢靠近他。所以，他那最後的五十天過得水深火熱，寂寞而孤獨，沒有一絲快樂。

　　在一個陽光明媚的上午，他離開了這個世界。他去世後，他的親戚按照他的遺囑分配了遺產後，就離開了。此後再也沒有人想起他來。

　　第二個富翁，則在得知自己的生命只有五十天時，他做的第一件事就是，把錢分配成三份：一份用來做慈善、一份錢用來成立一個研究他這種病的基金會，剩下的一小部分錢，是留給家人維持生活吃穿用度的。

　　處理完這些事情後，他讓家人送自己到療養院，而且他為院中的每一個老人準備了禮物。除此以外，他把在院中的每一天，都當作生命中最重要的一天，他為老人們講笑話、唱歌，還把自己年輕時的經歷編成故事，分享給大家聽。

　　有他在的療養院，處處充滿歡聲笑語，大家都很喜歡他，稱他是「快樂的老天使」。因為每天心情愉快，他居然多活了將近一年。在一個鳥語花香的清晨，他在大家溫暖的環繞中閉上了眼睛。

　　雖然他去世了，但是他卻永遠地留在了人們的心中。療養院的老人們記住他的，不只是他帶給大家的歡樂，還有他那風

趣幽默的口才，以及他充滿了傳奇的一生經歷。這群老人們沒事的時候，就經常坐在一起談談他、懷念他的點滴。因為大家講得多了，就連後來住進療養院的那些新人，也記住了富翁的名字。儘管在他去世後很多年，療養院裡依然有人在傳講他的故事。

都是走在生命盡頭的兩個富翁，為什麼一個讓人很快就遺忘了，另一個卻被很多人銘記？主要原因就是第二個富翁，把儀式感融入到了他所擁有的每一天當中。這樣一來，他生命最終的每一天，都變成了值得大家懷念的日子。

很多時候，我們都在不停地抱怨生活的平淡無奇，埋怨日子的枯燥無味，把「每一天」過成了「同一天」……不僅毫無樂趣可言，還像一潭死水，沒有波瀾。時間久了，我們開始厭煩這樣的生活。有些人為此淪為手機控，每天的日子就是看臉書、逛 IG、玩線上遊戲，還有些人為了尋找刺激，深夜 K 歌、酒吧買醉等等。

而儀式感對於生活的意義就在於，它可以治癒生活的平淡無奇，把每一天的生活變得多采多姿，讓你發自肺腑地熱愛當下的生活。

有一位朋友，她每天都要寫日記，從 10 歲開始堅持，一直到現在，都三十年了。她說：「並不是每天都洋洋灑灑地寫很多字，哪怕只寫一行字，也是對生活的一種留戀。」好好對待每一

秒鐘，好好地過好每一天的日子，這就是儀式感。

　　不管你的處境如何，你都能夠用莊重的態度去面對生活；儘管你心情很糟糕，你都要認認真真地過好每一天，探索生活中的樂趣。

　　因為有儀式感的生活，能夠讓你在一切繁雜裡發現簡單，在一切世俗中發現脫俗，在一切喧鬧中發現寧靜。所以，如果你覺得身邊的一切都顯得索然無味，也許是時候，需要一些儀式感了。其實，生命是非常美妙的，把儀式感揉和進去，會讓我們的生命變得妙不可言，本身就是我們心靈的需求。伴隨著生命的演變，我們的心靈也在不斷成長。只是，對於心靈的轉變，我們常處於混沌狀態，不知自己已進入了新的人生階段。

　　這時候就需要一些特定的儀式，來提醒甚至引導自己的轉變。

　　《湖濱散記》（*Walden*）的作者梭羅（Henry David Thoreau）說：「我到樹林中去，因為我希望從容不迫地生活，僅僅面對生活中最基本的事實，看看我是否能掌握生活的教誨，不至於在臨終時才發現自己不曾生活過。」

　　你需要和塵世的喧囂暫時保持一段距離，給心靈一段成長的空間，同時又保證不與現實脫節。

　　一位知名作家曾說：「一個人只擁有此生此世是不夠的，他還應該擁有詩意的世界。」在我們抱怨生活無聊之前，不如先想

一想，自己有沒有認真地對待生活。一個敷衍了事、馬馬虎虎的人，又怎麼能期待擁有趣意盎然的生活呢？

生活除了看臉書、逛 IG，還有儀式感

最近幾年，隨著部落格的熱度漸退，我們迎來了新的社群軟體「臉書」（Facebook）、「IG」（Instagram）。臉書跟 IG 的出現，在某種程度上，給我們的生活帶來了便利性，它遠比電話還要方便，可以讓我們隨時隨地與人溝通，但也改變了人們的生活方式。有時候我們寧可把空閒或是重要的時間留在手機群組中，也不願意和身邊最親近的人說一句話。手機正漸漸地成為我們生活中不可缺少的「伴侶」。

我的一位朋友，向我講起她和老公「相聚」時有驚無喜的一幕：

她的老公在另一個城市工作。他們結婚後，夫妻基本上是一個月相聚一次。

有一次，她老公因為工作忙碌，已有三個多月沒有回家了。她每天晚上都跟他視訊聊天到很晚。終於等到老公休假三天回家了。

在見老公之前，她準備了很多心裡話，甚至想著跟老公來一場通宵暢談，可是真的見面後，她還沒有和老公說上幾句

話，老公就急著在群組發訊息，還配上了她接老公的那個車站建築物。

沿路上，她老公更是忙到連回答她的話的時間都沒有 ——只見他低著頭，盯著手機螢幕，不是看臉書、就是逛 IG。她在旁邊默默地等著，想著等他空下來時再說話。但讓她想不到的是，他們到了用餐的餐廳，老公坐下後竟然就沒動，還是低頭發臉書。先是發餐廳的外觀照片，接著把每道菜也拍照發在臉書，每上一盤菜，他都會急著告訴她：「你先別動，我要拍照。」

兩個人的用餐過程，就是她默默地吃，然後默默地看著老公笑咪咪地拍照，再樂呵呵地發臉書，然後對她說一聲：「有十幾個人按讚了，我們主管還留言評論了。」

那一刻，她覺得自己就像空氣一樣。

老公在家裡住留了三天，但他們每天說話的時間，還不及他們平時在臉書上說的話多呢！

老公回公司上班的那天，她開車送老公到機場，路上她趁老公手機充電的空檔時間，問道：「你知道前天和昨天是什麼日子嗎？」

「什麼日子？」他驚訝地問。

「前天是我的生日，昨天是我們訂婚的日子。」她淡淡地說。

老公一愣，不好意思地說：「對不起，我……，真的忘了。」

　　她笑了笑，沒有說話。本來她是想提醒他的，因為在他來之前，他們在臉書上就提到過這兩個節日，而且他此次來的目的，就是特意來慶祝這兩個特殊的日子的。

　　只是他整天忙著看臉書、逛 IG，忘了這事；而她又不忍心打擾他，何況這兩個如此特殊的日子，如果他都忘記，即使提醒他，也沒有什麼意義了。

　　一路上，他們相對無言，內心卻翻江倒海般不平靜。

　　有位詩人在一首詩中寫道：「世界上最遙遠的距離，不是生與死，而是我就站在你面前，你卻不知道我愛你。」在這個「一支手機可以走遍天下」的時代，這首詩可以改為：「世界上最遙遠的距離，莫過於我坐在你對面，你卻在玩手機。」

　　在臉書這個虛擬的世界裡，我們可以隨心所欲地自我表演、自我渲洩，可以佯裝過得很快樂，可以戴著華麗的面具來騙取所謂的好友的按讚和留言……我們也因為有無數的按讚和留言而心花怒放，以此來滿足自己的虛榮心。

　　有很多人，彷彿擁有了臉書，就擁有了整個世界。然而，生活的美好就在於真實。真實的生活，要求我們用心對待、精心地去打理，這樣我們才會享受到生活的樂趣！所以，一個真正會生活的人，除了沉浸在虛擬世界裡的臉書外，還要有儀式感。

　　有儀式感的生活，會讓我們留住世間美好的一切，讓我們

把每天每時每刻都過得富有情趣。

小時候，有一次跟著母親去親戚家中做客。他們家只有五口人，住在不到十坪的小房子裡。這小房子有一大一小兩個臥室和一個小廚房，大臥室是父母的臥室兼書房、客廳、餐廳，小臥室是三個孩子的臥室兼書房。

我們拜訪時，三個孩子在和我們打過招呼後，就回到房間去做功課了。母親奇怪地問：「今天是週六，孩子們怎麼也不休息？」

親戚笑著說：「我們家每個週六是讀書日，就是讓他們選擇一本自己喜歡的書看，看完後還要寫讀書心得，明天上午全家人為他們的讀書心得打分數，誰的分數高，就獎勵他 500 元的買書費。」

「得分低的人呢？」我好奇地問。

親戚笑了笑，說：「分數低的，罰他唱一首歌，或是為最高分者做一道菜。」

到了中午做飯時，親戚陪著我和母親聊天，兩個年齡大一點的孩子去洗米、做飯，年齡小一點的孩子則去幫忙洗菜。

「我們家每次有訪客來，就是孩子們最開心的時候，他們會為客人獻上拿手好菜。」親戚看著廚房裡忙得很開心的孩子們說。

那頓飯是我長這麼大，吃得「最好吃」的一次。

吃飯前，三個孩子高興地向我們報上每道菜的菜名，還把他們學的每道菜的「歷史」編成故事講給我們聽，看著色香味俱全的菜，聽著學做每道菜的故事，吃著味道獨特的菜，真的是甜美的享受。

就是這一次做客，令我終生難忘。後來我每次吃飯，都忍不住回憶起這次吃飯時的情景，讓我貪戀的不只是那色香味俱全的菜，還有吃飯時的歡樂氛圍和愉悅的心情。那是我第一次發現，在我眼中稀鬆平常的飯菜，居然可以吃得這麼講究。

直到我長大以後才領悟，有儀式感的生活，並不是「講究」，也不像我們發手機群組中的圖片，是做給別人看的，而是發自內心地享受生活，是真正地對生活的熱愛、對每個生命的尊重。因為熱愛和尊重，才讓我們認真地去對待生活中的每一件煩瑣的小事，一旦我們認真對待生活，我們會用一種悠然、清靜、淡泊的心境來擁抱生活！

儀式感來源於生活的點點滴滴，能讓我們把平淡無奇的生活過得繽紛多彩、有滋味。有儀式感的生活，會讓我們看淡悲傷、追求快樂，讓我們發現生活的色彩，感恩當下擁有的一切，讓我們更加熱愛生命！

願熱愛生活的每一個人，在看臉書、逛 IG 的同時，也在你的生活中安排一下儀式感，你將會重新發現生活的意義！

有儀式感的生活，讓你清楚真正想要的是什麼

　　有儀式感的生活，其實就是不要把生活過得很粗糙、浮濫，或者是過得勉強、糊塗，而是知道自己想要過什麼樣的生活。例如你是想過一種快樂、浪漫的生活，還是要過一種「得過且過」的生活？你是想把生活和工作混為一談，還是想在生活時開心地生活、工作時專心工作？儀式感，可以讓你清楚地知道自己在工作或是生活中想要什麼。

　　有一位朋友，在家裡，是兩個孩子的媽媽；在公司，是部門主管。在一般人眼中看來，她既要照顧兩個孩子，又要在職場忙碌地工作，可能會忙得不可開交。但事實並非如此。她的生活不但過得有條不紊，而且還過得豐富多彩。

　　每天早上，她開車送孩子上學後，就直接進公司，並且每次都是提前半個小時到公司，在上班前，先彙整昨天未完的工作，再把今天預計的工作做個計畫。上班時間一到，她就能立刻進入到上班狀態，工作效率非常之高。

　　每到週末，兩個孩子自己一起走路到住家附近的才藝班上課。這時她才有時間與丈夫在家裡各忙各的事情。

　　曾經有人問她：「早上是如何叫孩子起床的？」

　　她笑著說：「我們家吃早飯時間是六點四十，在吃飯前，全家人必須盥洗完畢，再喝一杯溫開水，然後全家坐在桌前吃早餐。」

「早上時間那麼趕，你的孩子是如何做到的？」

「早飯在一天中是最重要的，而早上又是一天中的黃金時光。所以，我的孩子和我一樣，每天早上五點起床，五點二十他們盥洗後讀書，我準備早餐。六點四十分一到，不用我提醒，他們會放下書，準時坐到餐桌旁。」她笑著說：「吃飯時我們都安靜地享受，這是對食物的尊重。飯後，我們一起下樓，我送他們到學校後就直接去公司上班了。」

「你們孩子都不大，他們上才藝班，你們不接不送嗎？」

她笑了：「起初我和丈夫輪流送他們，後來他們覺得學習是一件神聖的事情，需要他們獨立來完成，才覺得莊重、有成就感。」

這位朋友的生活之所以過得豐富多彩、母慈子孝，源於她和她的家人把儀式感帶到了生活中。因為有儀式感，他們懂得生活是為了什麼。同樣的道理，也適用於工作中。當你把儀式感融入工作中時，你的工作態度就會變得主動且積極。

我有一位白手起家的企業家朋友，他在歸納成功經驗時，說道：「我們無論做什麼，都要先想清楚自己究竟要什麼。就像我當年在一無所有時創業，便對自己說，我選擇創業，是因為我想在創業中實現自我價值。我一定要認真對待這件事情。」

在創業前，他從僅有的財務中拿出一部分，自己購買材料裝修了公司，舉辦了簡單卻隆重的開業典禮。他花錢做這些

事情，不是為了講究排場，而是告訴自己，創業是一件非常嚴肅、莊重的事情。

公司在發展過程中，遭遇了很多挫折和難關，愈是面對困難，他愈是信心百倍。他不斷對自己說：「創業是為了實現自我價值，困難多，就能多訓練、培養我的能力。」就這樣，他坦然地面對接踵而至的種種困難，微笑著面對、克服、解決困難。他的公司在短短一年中就步入正軌。

人生在世，無非是生活和工作。但為什麼有人把生活過得一團糟，有的人卻把生活過得詩意從容？最大的區別就是在於對待生活的態度，說得文雅一點，就是有沒有把儀式感融入到生活中去。

這種儀式感，簡單的說就是「講究」，只不過，這種「講究」是遵從你的內心，你要從內心肯定你的生活，從內心喜歡這種生活方式。更直白一點說就是，過一種你認為快樂的生活。

一位遠房親戚，每個月領到薪水後，不管薪水多少，他都要帶著全家到外面餐館吃一頓飯，因他認為這既是對自己辛苦工作後的獎勵，也是對錢財的尊重。同時，也能為全家人的生活帶來一種美好的盼望。

因此，每月到了他的發薪日，他那 6 歲的兒子就早早換好乾淨衣服，跟著媽媽到他們預定的餐廳，他看著老婆和孩子笑得燦爛明媚的臉，心情真是愉悅且滿足。

　　其實，生活的曲線跟人生的曲線一樣，都是曲折向上的，這期間偶爾會遇到低潮，但只要你保持樂觀的態度，想一些小花招，為生活增添一些色彩，那麼生活就會變得絢麗多彩起來。

　　而儀式感，就是生活中那些快樂的小插曲、紀念日，只要你願意，你可以以愛之名，為每一天設定一個特定的「稱謂」，花點小心思來享受它。

　　儀式感最美之處就在於，它能讓你清楚自己想要什麼樣的生活，這樣你在做事情時，就不會被無關緊要的誘惑分散注意力，白白耗費大好時光，而是有計畫、有目標地穩步前進。即便是壓力來臨，你也能夠及時化壓力為動力，安穩地度過難關，享受眼前的一切！

別讓人看你的傷口，自癒後的傷疤會更堅硬

　　我國中的時候，班上有一位要好的同學，課業成績很好。我們從一年級時就約定，一起考高中、讀大學。

　　天有不測風雲，一年級下學期時，她的父親因病去世。為了照顧多病的母親和年幼的弟妹，她被迫輟學，開始工作。她離開學校時，把捨不得用的精美記事本送給我，並說：「好好上學，考上大學了記得告訴我一聲。」

　　那天放學後，我請她在學校附近的一家小吃店吃了碗湯

麵。在低頭吃麵時，我無意中抬頭看到她的眼淚，默默地掉在熱氣騰騰的碗裡。

那一刻，我體會到一個女孩子在面對家庭變故時的傷心與無奈、絕望和無助。

她說：「多年後，當我回憶起這段經歷時，我還隱隱感到當時的心痛。但是，這段讓我面臨艱難選擇之痛的往事，卻讓我變得非常堅強。當我日後面臨選擇時，我不會再猶豫不決，不會再心碎，而是果斷地做出選擇。因為我心中明白，少年時因放棄所受的心傷，早已經癒合。再次受傷已經不能再擊垮它了。」

成功的過程是一個不斷受傷的過程，傷口無論大小、無論深淺，都會令人痛徹心扉。慶幸的是，因為我們真心地愛生活、愛自己，所以我們會無視擺在面前的困難和阻力，讓自己帶著傷繼續勇往直前，而當傷口癒合後，它就變成了身體中最堅硬的部分。當你身上的傷愈來愈多時，一旦痊癒，你就成為具有免疫能力的人了，你會變得愈來愈堅強，再也不會輕易地被傷害了。

有一隻小猴子，不小心讓樹枝劃傷了肚皮，流了很多血，牠覺得很痛、很難過，就去找朋友訴苦，牠對牠最好的一個猴子朋友說：「你看我的傷口，好痛。」

朋友就安慰牠，並告訴牠治療傷口的方法。牠便依照朋友

的方法來治療，但效果不好，就又去找其他的朋友訴苦。

　　其他朋友看到牠的傷口，對牠表示了同情，就又告訴牠治療傷口的方法。牠繼續聽取朋友的意見，按朋友們的方法來治療。

　　然而，沒過多久，牠因為傷口感染而去世。一隻老猴子聽到後感嘆地說道：「牠是被自己的傷口害死的。如果牠一開始就包紮好肚子上的傷，不給別人看傷口，那麼傷口就會慢慢地癒合，就不會造成後來的悲劇。」 在朋友的眼裡，他們終究是同情你、給你一些安慰、一些意見，但是卻無法帶來實質性的幫助。而在陌生人的眼裡，那些讓你撕心裂肺的故事，帶給他們的只是免費的一場戲。其實，每個人在生活中都會遇到一些悲傷的事情，這些事情需要你自己去消化。而遺忘，是最好的辦法，時間是最好的良藥。

　　不要輕易把自己的痛苦向人傾訴。德國哲學家尼采（Friedrich Wilhelm Nietzsche）說：「你遭受了痛苦，你也不要向人訴說、以求同情。因為一個獨特的人，連他的痛苦都是獨特的、深刻的，不易被人了解。別人的同情只會解除你的痛苦的個人性，使之降低為平常的煩惱，同時也就使你的人格遭到貶值。」

　　事實也是如此，你沒必要向不關心你的外人傾訴苦痛。當你把快樂分享錯了人，就成了「高調、愛現」；把痛苦傾訴錯了人，就成了「矯情、做作」。一個人聽到別人說自己的苦痛時，

雖表面上好心地勸慰，但心中往往有一種欣慰自己沒有遇上那種事的心理。所以若是有什麼痛楚，自己忍受著也不必告訴別人。現實的社會就是這樣，喜歡錦上添花，也喜歡打落水狗。所以不管遇到多大的難處，必須自尋生路，尋回了生路就找回了尊嚴。痛苦也不是絕對不能說，而能說出的痛苦已是結了痂的事情，有一天你能笑著說出來。

不要輕易把自己心裡的傷口掀給別人看。因為在這個社會上你根本就分不清，哪些人想給你撒消炎藥，哪些人想給你撒鹽。

有些傷痕，不僅有利於讓我們維持人生的心理平衡，而且還有利於讓我們去實現人生更遠大的目標。

在人生的道路上，我們在選擇超越自己的時候，總要或多或少地受傷的。受傷後，先不要去包紮傷口，而是讓傷口自行癒合。自行癒合的傷口，會帶給你意想不到的驚喜。

曾經有一個朋友說了一個故事：

朋友的父親當學徒時是幾十年前的事，農村還沒有電鋸，木匠在切木頭時，需要兩個人拉大鋸子來完成。

他父親和小師弟在拉鋸時，發現了一個奇怪的問題。有時兩個人很快就能把木頭鋸開，但有時卻要耗費半個小時。他們不知道是什麼原因，就問師父原因。

師父聽後，微微一笑，說道：「說出來你們可能會不相信，

那些難切的木頭，就像人一樣，在成長過程中受過傷害。」

「不會吧？樹也會受傷害？」他們有點不相信地問。

師父點點頭，解釋道：「這是有根據的，受傷的樹和人一樣，變得不容易被擊垮。你們剛才在拉鋸的過程中，我聽到鋸樹木的聲音有點不同，判斷出你們的鋸子應該是碰到堅硬的樹疤了，才有點難拉鋸的。」

「師父，樹裡面有傷疤？」他們齊聲問。

師父再次點點頭：「一般來說，樹生長在瞬息萬變的大自然中，會經歷風雨，被折斷、受重傷。大多數樹木傷口癒合後，會留個樹疤，然後繼續生長。往往長樹疤的地方，是樹最堅硬的地方。正是樹疤，支撐著樹繼續蓬勃生長，最終成材。有些受重傷的樹，為了保全生命，苟且偷生，沒有結疤，便成了朽木。朽木切開後就鬆散了，那部分的木料也成了廢材。」

在現實生活中，很多人一受到傷害，就會不停地抱怨，說命運對自己不公。愈抱怨愈委屈，最終也失去了奮鬥的動力。其實，有時候，傷害來臨時，我們體會到痛苦的同時也使我們快速地成長。

我有一個作家朋友，他對我說：「我從來不怕受傷。這是因為我視痛苦和傷害為『財富』。我在生活中受到打擊時，就會用筆記錄下來。等有一天，這些文字就會成為我小說裡的內容，痛苦中的我，也會成為小說中的主角。」

他的話讓我眼前一亮。關於這些傷痛，我們在不同的思維背後，會有不同的行為。你想讓自己的人生過得有意義，就要為自己點亮一盞明燈，這樣，你即便是帶著傷痛，也不會停止前行的腳步，讓自己贏在人生的起跑點上。

我從公司辭去高薪工作後創辦了自媒體（We Media），最初很多朋友、家人勸我不要辭職，畢竟我的工作薪資高、且穩定。而自己寫稿，不僅辛苦還不一定比上班賺得多，又有很多不確定的風險。

我向來是一個既然決定了，就不會輕易改變主意的人。我剛經營自媒體時，常是通宵達旦地工作，且沒有收入。約有半年的時間，都在用以往的積蓄支撐現在的生活花費。

那段時間壓力很大，我經常失眠，很想找人訴訴苦。但我心裡明白，就算我說給別人聽了，大家除了同情，也幫不上忙的。以後的路，無論多麼難走，我都要一個人走下去。這麼一想，我就堅持了下去，四處請教在這方面有經驗的老師。

一年後，我順利度過難關，事業做得愈來愈順。

在這布滿荊棘而又無比漫長的人生路上，我們身上不免會留下一道道的傷疤。驀然回首，卻發現它一直在遠方默默注視著你，才明白即使是傷口，也能開出驚喜的花朵。

所以，你要記住：

讓你煩惱的事情，是來成就你的耐心；讓你痛苦的事情，

是助你成長；讓你煩惱的人，是來幫你的人；讓你痛苦的人，是來度你的人；讓你怨恨的人，是你生命的貴人；讓你討厭的人，恰恰是你人生的大菩薩。這些事和這些人，都是你自己的不同面向，都是另一個潛在的你。感謝一切的發生，發生的一切必有利於你的成長！人與人之間的緊密關係比生意更重要！心中能容納多少人，事業就能做多大！

　　人生的道路，總是讓人感到神祕莫測，未來的道路還是個未知數，不知道你將來會走多遠，會有多精彩，但我們必須堅持走下去，這樣才可以達到你所期望的目標。如果累了可以停下來歇一歇，但不能有停下來就不想再走下去的念頭，仍要挺起胸膛繼續往前走。「不經一番寒徹骨，焉得梅花撲鼻香。」為自己的人生規畫留出一些屬於自己的空間，認真去思考自己的人生，努力去思索怎樣才能走完這段人生的路途吧！

不感謝苦難，但也不要拒絕它

　　曾經在網路上看到這樣一句話：「苦難從來就不是什麼正能量的東西，所以不需要感謝苦難，但它若來了，也不要拒絕它。」

　　你最應該感謝的，是走出苦難後浴火重生的自己。

　　這個世界上沒有感同身受，只有冷暖自知。當你經歷過那些傷心的煎熬的事之後，將會發現你比你想像中的自己更強大。

　　一個在苦難中成長的人，不只是熱愛生活，還熱愛生命，這樣的人才是一個真正的勇士。

　　有一次，我參加了一個活動，其中一位作家的話深深地感動了我，他說：「生命之美，美在姿態，這種姿態就是在面對人生的風雨時，我們不要抱怨，而是堅強面對。強大的人，是在征服了人生的一次次苦難後的成長。所以，當我們變得比以前強大時，那是因為這個風雨的世界成就了我們。所以我們要用愛來回報世界。」

　　在人生淒厲的風雨中勇敢地站起來，從苦難和孤寂裡尋找生命中點滴的甘美，是每一個成功者奮鬥過程中必經之路。

　　這個世界其實很公平，不管你是一個奇才，還是一個凡人，只要敢和命運抗衡，與人生比賽，不沉淪、不悲哀，在人生的賽場上，哪怕你跑得不快，哪怕你是最後一個到達終點，你仍然是勝利者，因為你用頑強的意志堅持了下來。

　　我們要學會為自己喝采，為自己打氣，感謝苦難磨練了自己堅韌的性格。一個人只有學會欣賞自己，才會給自己一個輕鬆的、年輕的、良好的心態。有了這樣的良好心態，便會坦然面對人生的風和雨！

　　大學畢業那年，我在一個化妝品公司擔任銷售工作。有一次，我在街頭做宣傳時，擺設好化妝產品，熱情地邀請來往行人來攤位免費試用化妝品，享受我的服務。

我看到一位中年婦女朝我的攤位走來，便主動上前對她說：「大姐，您好，打擾您幾分鐘時間，我來幫您免費試用化妝品，我們公司的化妝品⋯⋯」

她張口就罵：「滾開。」並順手把我手中的化妝品盒子打掉在地上。

那一刻，我驚呆了。雖然我在推銷過程中遇到過很多無禮的拒絕，但像這種蠻橫且粗暴的拒絕，還是第一次遇到。

當時，我第一次感到憤怒，但我隱忍了下來，便彎腰拾起掉落一地的化妝品，微笑著對她說：「大姐，真的很抱歉，打擾您了。」

那是一個飄著細雨的深秋，外面的天氣很冷，但我的內心更冷，感謝雨水流下來擋住了我的眼淚，讓我的眼淚看起來更像是雨水。

這件事情發生後，我開始重新審視自己的工作方式。心想，這位顧客對我發火，一定是我的言行有所不妥。每個人都有不如意的時候，或許那位顧客當時心裡正惱火，想安靜一會，我卻不合時宜地撞上了她的「火山」口。

「以後在跟顧客溝通、交流時，除了熱情，還要學會察言觀色。」我對自己說。

果然，我後來遇到的客戶中，再沒有出現過這種情況。

所有的絕望時刻在事後看來，就好像記不起當初為什麼那

般難過了。我們人生那麼長，總該有一段時光用來浪費，總要有一段糟糕的日子用來逼自己成長。

當你經歷很多事之後，在今後閃閃發光的日子，要感謝當初那個一直在堅持的自己。在我們這個年紀，學會與生活針鋒相對，也要學會和生活溫柔相待。

與這個世界握手言和，你一定要堅信路還長著呢！走下去，跑下去，天總會亮的。

我有位朋友，是圖書業中小有名氣的總編輯。在圖書市場日漸低迷之時，由她企劃出版的書籍卻廣受讀者喜愛，總衝上暢銷書排行榜呢！但早在十幾年前，她可沒有現在這麼風光。

那時，她只是一個學飯店管理的大學畢業生，在浩蕩的求職潮中，她靠著一份執著，被一家圖書公司錄取做櫃檯工作。

這家圖書公司規模很大，出版的書籍種類很多元，為了節省薪資，招募的全是沒有工作經驗的應屆畢業生。因為薪資低，公司內的員工樂得清閒，每天應付完自己那一點工作就可以了。

相較於編輯來說，身為櫃檯人員的她，工作更為清閒，除了在求才季節到各個網站張貼徵人啟事外，就是接待一下來公司面試的人。

有一段時間，她發出的徵人啟事老徵不到人。雖然老闆沒說什麼，但她覺得這樣太耽誤事情，就多方探索找出原因，結

果發現是徵人啟事寫得不好。於是，她就在網路上檢視各大公司、出版社的徵人啟事，仔細研究。就這樣，她借用資料，根據公司情況「原創」了一份「徵人啟事」。

同時，在通知面試者來應試時，她還做了「創新」：

通知面試者時，她會花幾分鐘時間，主動向對方介紹公司的經營項目、企業文化、工作環境、職位職責等，同時，她還會主動回答對方提出的各種疑問，讓應試者在還沒來公司前，就對公司產生了濃厚的興趣。接著，她會告訴應試者面試流程，這樣一方面讓應試者感到被尊重，另一方面，能讓應試者提前有個心理準備。最後，她把公司附近的乘車路線、下車站牌等交通資訊詳細地告訴應試者。

透過她的這一系列「改革」，應試者明顯增多。這讓她有了一點成就感。後來，她向老闆申請轉調到編輯部門，但薪資不用調升，還是只拿櫃檯工作的薪資。

於是，老闆答應讓她試試並承諾她，如果在兩個月中編寫出一本符合標準的書籍，就讓她享有編輯的薪資待遇。

那幾年她過得辛苦極了，為了充實專業知識，她晚上十二點前沒睡過覺，週六、日要不是去聽課汲取新知，就是待在圖書館研究出版，為省錢、省時間，她還在公司附近的地下二樓租了床位，每天步行上下班。就這樣她一路辛苦的堅持了下來，最終走到了今天。

人的一生就像長滿荊棘的一段路，明知道走過去就會鮮血淋漓，可是我們還得堅持勇往直前。雖然這只是踏進人生的起步，但我們仍會為自己嚥下淚水而喝采，鼓勵自己再走下去，堅持到底就是勝利！

俗話說：「每一個強大的人，都咬著牙度過一段沒人幫忙、沒人支持、沒人噓寒問暖的日子。過去了，這就是你的成人禮；過不去，求饒了，這就是你的無底洞。」

我的高中同學小虹，她父親開著一家生意不錯的公司。她從小生活在一個富足奢華的家庭裡，所到之處，人人奉承、恭維。

小虹對我說：自己不是高尚的人，也貪戀靠父親賺來的錢財所帶給她的「奢華」生活。可不知道為什麼，每當她看著那些富貴的朋友們穿梭於她家中時，她和母親一樣，心裡總會感到極度的不安。

像所有「有錢就變壞的男人」一樣，當家裡什麼也不缺時，一個年輕漂亮的女人闖入他們的家庭生活，迷得父親神魂顛倒，最終向母親提出離婚。

父母離婚時，小虹才上高一，她不顧所有人的勸說，選擇了跟著當工人的母親一起生活。父母離異後，她便和母親住在一棟老舊的小公寓裡。

她說，這簡陋的房間，是她小時候和父母一起生活的快樂

樂園。那時父母都只是普通工人。當時的她，做完作業，就等著父母下班回家。

幾年來，父母開始學習經商後，雖然他們的住房愈來愈大，但一家人相親相愛的日子一去不復返。父親先是晚歸，接著不回家，再後來父親為他們買了一棟豪宅。

然而，她和母親堅信「天下沒有免費的午餐」。所以，她和母親都拒絕搬進那棟豪宅。

她大學畢業後，在一家公司做業務員，每月底薪不到 25,000 元。當時，她母親因病住院，她一邊工作，一邊照顧母親，一邊還要想辦法找親朋好友借錢治母親的病。一天只能睡一、兩個小時，有時睏到走著路就能睡著。

有親戚建議她去找總裁父親幫忙，但她拒絕了，她說，每個人在生活中都有一段特別難熬的日子，關鍵是如何讓自己「熬」過去，過程比結果重要。

小虹最艱難的時候，是母親出院後，為了能同時兼顧工作和照顧母親，她堅持早上四點半起床，一邊洗衣服、一邊背書，六點準備母親的早餐。四點半起床讀書，這個習慣一直保持至今。

終於有一天，父親的公司破產了，所有的美好全變了樣，父親的第二任太太帶著錢逃之夭夭。這時的小虹，已經是某公司的高階主管，領著百萬年薪、駕著百萬豪車。

　　有一次她去看父親，子然一身的父親無限欣慰卻也感慨地說：「孩子，你做得對，想做一個幸福的人，就得靠自己去打拚。生活對每個人都很公平，不要妄想著不勞而獲，你早晚是要還回去的。」

　　村上春樹說：「人，不必太糾結於當下，也不必太憂慮將來，當你經歷過一些事情的時候，眼前的風景、意境和以前不一樣了。人間正道是滄桑。要想活得安心快樂，就得自己去創造幸福。」

　　不要去羨慕或嫉妒，成功人士的奢華生活，他們看上去似乎很美，但美的只是外表，而其中所受的苦，只有自己才知道。

　　在生活中，給自己一個目標，會讓你的奮鬥有一個具體方向。這個方向，能帶著你走向想要的生活。

　　「如果一切重來，我還願意做那個住在簡陋房間的小女孩，等著辛苦打拚的父母回家。」小虹如是說。

　　有些傷痕，不僅有利於讓我們維持人生的心理平衡，而且還有利於讓我們去實現人生更遠大的目標。

　　法國作家卡繆（Albert Camus）說：「重要的不是治癒，而是帶著病痛繼續活下去。」

　　在人生的道路上，我們在選擇去超越自己的時候，要學會對自己「狠」一點。

　　當你學會了為生命喝采，學會了肯定自己，就是從另一個

角度征服了自己。這個時候，你將成為一個自信、勇敢、無畏、豪邁的自我。即便在人生之路上遇到再大的風雨，你都不會畏懼，並且堅信，黎明終會到來！

哪怕再痛，也要在跌倒的地方站起來

多年以前，我在選擇寫作這條道路時，一位老師語重心長地對我說：「世間萬事都有一個過程，這個過程充滿了艱難，這時候你不要放棄，因為任何事情發展到一定階段時都會遇到瓶頸，你只有不斷地克服問題、解決問題，才能一步步地成全自己，從而成就一生。記住，不要害怕跌倒。因為跌倒的地方，往往就是你成功的起點。」

當我在聽到這段話時，只不過將其當成一種「雞湯」喝了，並沒有放在心上。只是後來我在寫作上經歷了一些挫折後，才發現老師說的這些話，是激勵我們向前走的真理。

我大學畢業後，第一份工作是在某大型化妝品公司擔任銷售員，在就職前，我和一起就職的同學就知道公司待遇、福利都不錯，試用期薪資是 25,000 元，這樣的薪資在我們的同行中已經算高的了，而轉為正式員工後，薪資是 27,000 元外加績效獎金，只要我們稍微一努力，就能達到 30,000 元了。

重賞之下，必有勇夫。我和同學們非常珍惜這份工作。

　　公司在對我們進行培訓時，明確說明，三個月後會根據我們的工作表現，從四個人當中，留下兩個。

　　和我一起就職的其他三個同學，條件都比我好。她們在學校時，就曾在這家公司做兼職，並且業績很好。而我在進入這家公司之前，根本沒有接觸過化妝品產業。

　　在培訓期間，我收到另一家大公司的錄取通知。因為我在進入這家公司之前，就先去這家大公司面試過，對方說一個月內給我回覆。

　　這家大公司的規模、待遇，比我現在試用期的公司更好。我左右權衡後，決定留在這個公司，因為我是一個不願意半途而廢的人。

　　萬一試用期過後，我不能留在這個公司該怎麼辦？當時並沒有考量那麼多，只是想：「我要抓住這次機會，認真工作、好好表現，就不信不能留下來。」

　　然而，所有的事情都不是絕對的。儘管我在試用期小心翼翼的，而且也做到了全力以赴，但是我的銷售業績依然沒有其他同學做得好。就這樣，我沒有任何懸念地離開了這家公司。

　　令我感到沮喪的是，我也錯過了上一家大公司的工作機會。那時，我眼看著昔日的同學在畢業後，都在職場上找到了自己的「歸宿」，而我卻還在尋尋覓覓、前途未卜。

　　我並沒有消沉下去，而是繼續找工作。那一年，我投遞出

去的履歷多數石沉大海，偶爾有面試通知，但卻沒有收到任何一家公司的錄取通知。我一邊不停地找工作，一邊在小公司做兼職，以賺取工作經驗。

這樣的生活，我過了將近兩年，才被一家大公司錄取。在這家大公司，我一路晉升到主管，年薪達到了 60 萬元時，我選擇離開，從事自己喜歡的自媒體。在經歷一些創業的挫折後，我的事業已經步入正軌。

曾看過這樣一段話：「風跌倒了，才有了美麗的樹葉；雲跌倒了，才有了滋潤大地的雨水……」所以，我們不要害怕跌倒，而是讓我們在跌倒時，用最美麗的姿勢重新站起來。

「不要害怕跌倒。因為跌倒的地方，往往就是你成功的起點。」多年以後，當我想起老師這句話，不由得感慨萬千。

我能有今天的成就，是因為我能夠從「跌倒」的地方爬起來。畢業第一年，我在第一家公司吃了閉門羹，我沒有在那裡臥地不起，而是立刻站起來，並把這個地方作為新的起點，繼續前行。後來我離開有保障的生活，開始自己創業，這才有了我今天的小小成就。

每個人都會在人生中跌倒，或者是遇到挫折的時候，而有些人卻從來沒有想過，其實跌倒後站立起來是人生中最大的收穫。每個人都會遇到磨難，但是請你一定要記著「在那時站起來」，這是因為在你站立起來的當下，便會離你的目標更近一

步，同時，也可以作為你人生的一個新的起點。

有一位父親看到自己的孩子都十幾歲了，仍然膽子很小，做什麼事情都不成功，在孩子身上，一點也看不到他的男子漢氣概。這讓父親很是擔憂。

父親的朋友告訴他：「男孩子學學武術，有助於提升男子漢氣概。」

父親聽後大喜，就在朋友的介紹下，帶著孩子去拜訪一所寺院的禪師，想讓這位禪師收留他的孩子學武藝。

禪師聽了這位父親的話，又看看一旁低頭不語的孩子，就對這位父親說：「你可以放心地把孩子留在這裡了，幾個月後，我一定會讓你看到孩子身上具備的男子漢特質和氣概。」

到了約定的日期，這位父親來寺院接孩子，禪師特別安排了一場武術比賽。比什麼呢？就是空手道，讓孩子跟教空手道的老師對打。

在比賽時，只要老師每次一出招，孩子一到跟前就會被擊倒，儘管孩子屢次被擊倒，但孩子並不氣餒，依舊不會放棄，也不會認輸，只是不停地站起來迎戰。那種不服輸的氣勢，讓人刮目相看。

看到孩子屢次失敗，這位父親更生氣了，這時候禪師問他：「孩子這種表現，是不是像一個男子漢？」

父親聽後無奈地說道：「我沒有想到孩子送到這裡幾個月，

還沒有改掉弱者的樣子，老是打不過對手，總是輸。我看他跟老師對打，連還手的機會都沒有。」

禪師卻說：「我對於您對孩子的這種評價感到很遺憾。您為什麼只看到了孩子總是被打敗，卻沒有注意到您的孩子具有不服輸的勇氣和精神，以及被打敗後再次的起來迎戰，這種被打敗後重新站起來，是需要多大的勇氣啊！您可知道，一個孩子的真正氣概，並不是成功時的笑臉，而是在失敗後依然重新振作的精神。這樣的人，總有一天，會成為生活的強者的。」

「失敗了再站起來」，這是對遭遇失敗與挫折的人最好的安慰，可是如果你真正想要將這句話完全實現，你就會發現，這需要的不僅僅是一個人的勇氣，還有不服輸的精神。

生活也是如此，我們偶爾的失敗，不要因此喪失了生活的希望，因為如果就此認輸，是永遠也達不到自己的目標的，只有「從哪裡跌倒，從哪裡站起來」，你才會有可能達到你想要的目標，雖然這個過程很漫長，但是在這其中，你可以磨練自己堅定的意志，累積人生的經驗，以及堅持不懈的品格，可以妥善地處理生活中的困境。因為跌倒了再站起來，是一個人的人生中最大的收穫。

姚明是籃球隊的領袖，儘管他個人能力非常出眾，但是很多人認為他缺少霸氣，難以勝任球隊的教練。特別是他進入NBA 後，NBA 專家經常指責他在關鍵時刻沒有血性。

　　姚明並不為外界議論所左右，他頂著各種壓力堅持訓練。在一次比賽中，人們發現了姚明的另一面：堅強。

　　當時，姚明面對強大得幾乎不可戰勝的對手，他拚命地奔跑，用激烈的碰撞，一次次將對手超越比分的企圖心澆滅。當離比賽結束還剩幾分鐘的關鍵時刻，雙方的拚殺競爭已經到了白熱化的程度，雙方隊員都紅著眼睛使出全部的力量在爭取比賽的勝利。

　　就在這時，意外發生了，帶球突破的柯比‧布萊恩（Kobe Bryant）和姚明猛地撞在了一起，姚明意外地傷到了膝蓋，疼痛讓他猛然倒地，他的表情痛苦不堪。

　　在 NBA 的賽場上，激烈的衝撞隨時發生，所以誰也沒有注意到姚明。由於姚明此次受到了重傷，他的表情異常痛苦，微微蜷起身體，雙手抱著膝蓋，眉頭緊皺。裁判立刻暫停了比賽，火箭隊的隊醫第一時間跑到姚明身邊低聲詢問著他的傷勢。

　　此時的姚明，表情仍舊異常痛苦，隊醫們攙扶著姚明離開了賽場，慢慢地走進通往休息室的走廊。姚明傷得如此嚴重，幾乎沒有返回球場的轉機了。少了姚明，火箭隊自然凶多吉少。

　　讓所有人沒有想到的是，此時此刻，因為疼痛而咬牙堅持的姚明突然停下腳步，脫開別人攙扶的手，掙扎著要重返賽場。隊醫急忙拉住他，大聲力勸他要保重身體健康，姚明無奈地轉身繼續向休息室走去。他雖然人是向休息室走著，但他的

目光卻一直望著賽場方向。

在走了幾步後，姚明又再次停了下來，他態度堅決地看著隊醫：「我要回到比賽場上去。」看著他如此堅決，隊醫只好讓他做了幾個簡單的動作，在確定並無大礙之後，隊醫又陪伴著姚明走回了賽場。

當姚明再次走回球場的時候，所有的觀眾都站起身來為他鼓掌。雖然這裡是對手的主場，但對手的球迷還是將掌聲熱情地送給了堅強的姚明。主教練艾德曼（Richard Leonard Adelman）沒料到姚明會帶傷重回球場，當他還在擔心姚明傷勢時，姚明已經指著場上的隊友大喊了起來，他告訴艾德曼，賽場上還有他的兄弟，有急需他的隊友，他要承擔起自己的那一份責任。

姚明帶傷再次返回比賽場上的瞬間，一個當地的記者哽咽著說道：「姚明讓我們明白了一個男人該承擔什麼，他讓我們看到了人的堅強和偉大！」

姚明再次站在比賽場上，讓場上所有的人都沒有想到。這時的比賽已經到了決戰時刻，姚明受傷的膝蓋已經紅腫，他接到球之後仍舊在咬著牙堅持著。姚明負傷重返球場給了隊友們極大的鼓舞，火箭隊打出了極其強悍的氣勢，在頂住對手的反撲之後，最終贏得了這場讓所有人震驚的比賽。

觀看此次比賽的觀眾大為震驚，對他們來說，與其說這是一場比賽的勝利，不如說這是一種精神的勝利。姚明向所有人

展現出了一種偉大的精神 —— 勇於承擔自己的責任。因為勇於承擔，所以才會被信賴；因為被信賴，才能有凝聚力；因為有凝聚力，才能創造奇蹟。

美國有一首非常有名的鄉村歌曲，裡面有這樣一句歌詞：「一個人要走多少路，才能成為男子漢。」姚明在此次比賽中證明了：真正的生活強者，是不會被生活打敗的，他們能夠咬著牙，站起來，繼續前行。

法國作家羅曼・羅蘭（Romain Rolland）說：「世界上只有一種真正的英雄主義，那就是認清生活的真相後依然熱愛生活。」生活就是這樣，只要你足夠熱愛它，就不怕人生路上的艱難險阻，即便跌倒很多次，你仍然心向陽光。無論是工作，還是生活，你都會一步一腳印，踏踏實實地走過來。

湯瑪斯・卡萊爾（Thomas Carlyle）說過：「生命不止，奮鬥不息。」當我們擁有一種「生命與奮鬥」同在的精神時，哪怕人生風雨再大，哪怕腳下的路再曲折、泥濘，我們都不會輕言放棄，而是變得更加堅強，從中吸取教訓，讓每一次跌倒成為人生里程中又一個新的起點！

愈是徹底的絕望，愈能帶給你淒美的成長

一位在金融圈叱吒風雲的朋友，他投資的公司上市前，特意召開了記者招待會。在會議上，有家網站的記者問他：「您的

創業之路一直很順利，請問您有什麼祕訣嗎？」

「有。」他微笑著鎮定地回答。

全場寂靜無聲，大家洗耳恭聽著，都想把這位金融界知名成功者的成功祕訣記下，將來好借鑑應用在自己的創業中。

「那請您說慢一點，我們要記下來。」這位記者說著，拿出了紙筆。雖然採訪現場有攝影機、錄音筆等設備同步記錄，他還是怕漏掉重要資訊，要親自寫在本子上。

我這位金融界名人朋友環顧一下周圍，擺擺手、正色道：「我的祕訣就是經歷一次次的絕望。」

「啊？」

全場譁然。

「各位可能不信，我之所以能有今天，是因為在絕望到想自殺的邊緣搶回了我這條命。」他輕描淡寫地說。

讓他絕望到想自殺的那件事，是被信任的恩師所騙。這位恩師，是他上大學時非常賞識他的一位老師。

他剛創業時，是和自己的恩師共同開發一個專案，恩師提供技術，他提供資金。他的資金，一大部分是父母把半輩子辛苦存的錢買的一棟房子，抵押給銀行所貸的款項；另一部分是女朋友家人和親戚朋友們東拼西湊出的血汗錢。

那時他帶著對恩師的信任，帶著對父母的愧疚，帶著對親

朋好友的感恩，帶著對自己美好前程的嚮往，把全部的精力都用在創業上。他經常通宵達旦地工作，甚至廢寢忘食。

上天是不會辜負任何一個付出者的。

他們的專案即將研發成功之際，他突然收到一個令他絕望的消息：他的競爭對手，已經早他們一天把這個專案公布，且同時申請了專利。

「我當時半天沒有了知覺，眼前反覆出現著徹夜工作的一幕幕。我想啊想，連眼淚都沒有來得及流。」

他平和地說：「我癱坐在辦公室時，第一次有了自殺的念頭。」

他的辦公室在 22 樓，他看著窗外心想：「我用三年的時間，把我和恩師的心血、把最愛我的親人、朋友的錢財，全部拱手讓給了我的『敵人』。如果我從陽臺跳下去，所有的痛都將解脫。可我留下的這個爛攤子，將會給我的親人們帶來第二次傷害。」

他最終沒有跳下去。他剛把「自殺」的萌芽扼殺，再次得到的消息讓他完全麻木，原來是恩師出賣了他們的專案。

他用一週的苦思冥想來說服自己，不要上死神的當。一週後，他重新振作，在親朋好友的幫助下，他在半年時間徹底斷了自殺的念頭，再用一年半的時間遊說財團來投資他的新專案。

他的故事講完了，全場再次寂靜。他的聲音出奇地平靜：「朋友們，我的祕訣就是經歷絕望，只有經歷過絕望，你才明

白，這個世界上除了寶貴的生命和對親人的愛，其他一切都是小事。當你從想死的絕望中走出時，你以後遇到再大的挫折都不會絕望，而是想辦法從絕望中找希望。請牢記，舉世的絕望，能帶給你淒美的成長！」

全場響起雷鳴般的掌聲。

絕望本身就是一種偉大的力量。那是因為既然你在經歷絕望，說明你沒有被絕望打倒。縱觀古今中外古的成功者，幾乎無一例外都經歷過絕望。是一次次痛徹心扉的絕望，豐富了他們的精神世界，強大了他們的內心，讓他們得以快速地成長。

我們平時在電視或是媒體上看到一些成功者，他們一臉平和的笑，他們在面對媒體記者尖銳提問時的睿智回答，很多都是他們經歷過「絕望」後所獲得的成長。所有的光明都來自於黑暗，所有的風光背後，都承受過絕望的煎熬。所以，不管你處在什麼樣的絕境、困境中，都要堅信自己的力量，只要你不倒，那麼你就能在這世間創造最大的奇蹟！

人人生為肉體凡身，原本沒有什麼不同，是我們在面臨絕望時所做的選擇，是我們在經歷絕望時的成長，讓我們有了自己的個性，有了屬於自己的人生。

在美國，有一位窮困潦倒的年輕人，他經常面臨著沒錢吃飯的窘境，卻喜歡上了戲劇。他在忍飢挨餓的情況下寫出了一部部劇本。

　　為了能有機會進入電影圈，他仔細、認真地研究過好萊塢的 500 家電影公司。後來，他根據自己認真劃定的路線與排列好的名單順序，帶著自己寫好的量身訂做的劇本，逐一地拜訪這 500 家電影公司，遺憾的是，這 500 家電影公司沒有一家願意採用他的劇本。

　　面對這 500 次的拒絕，他也曾有過放棄、絕望的念頭，但他在絕望後，開始尋找解決的辦法。他堅信自己寫的劇本是最好的。

　　既然是好劇本，就經得起考驗。於是，他調整心態重新開始第二輪的拜訪，這次跟第一次一樣，他面對的依然是一家家的拒絕。

　　在經歷了第一次絕望後，他變得異常堅強。他接下來要做的是第三輪拜訪，結果依然是遭受各家的拒絕。他又鍥而不捨地繼續第四輪拜訪，當拜訪完第 349 家後，第 350 家電影公司老闆居然破天荒地答應看看他的劇本，並說看完後回覆他。

　　幾天後，這家公司請他前去商談細節。

　　一切在他的預料之中，這家公司決定投資開拍這部電影，並請他擔任自己所寫劇本中的男主角。他就是美國知名的動作明星席維斯・史特龍（Sylvester Stallone）。他拍的這部叫《洛基》（Rocky）的電影上映後，他和這部電影一舉成名。

　　與一般人相比，經歷過絕望的人，往往會更加理性，比一

般人更加成熟。經歷過絕望的人，才能夠正確地認識自我，在這個競爭激烈的社會中，我們每天都會面臨著很多的風險，一不小心，就會被社會淘汰。

我們只有經歷過舉世的絕望，才能看到美好的希望；只有在下雪的夜裡受過寒凍的人，才能真正體會到陽光的溫暖；只有墜入無盡的虛無之中，才能體驗到這個世界的美好之處。一個人不一定非要行走在高原大漠，但內心一定要海闊天空！

所以，無論你現在的生活多麼糟糕，無論你現在正經歷怎樣的絕望，都要告訴自己，與其靜等滅亡，不如努力打拚，相信你一定能迎來人生的逆轉勝！

世間不如意事十之八九，唯有自己強大的內心，才能拯救自己於水火。

我畢業後找的第一份工作是做銷售員。剛就職時，每天騎著我那輛二手腳踏車，穿梭在市區內的商業大樓間。

在半年時間裡，我被拒絕過很多次，有的公司連門都不讓我進，那段時間，我有過絕望。但我心中很清楚自己要做的事情，也堅信自己做的是正確的事情。我必須調整好心態，才能跟客戶進行良好的溝通。

我開始改變我的工作方式，首先細讀產品說明書，再來分析每個目標客戶，還針對所拜訪過的客戶，進行了對話整理。我把跟不同客戶溝通順利的談話內容做了調整。這樣下次再見

到客戶時，就會根據個別情況來跟他們談話。

事實證明，我研究、更新了行銷計畫後，我的工作變得出奇地順利。

這就是絕望後所帶給我們的改變，它讓我們不斷地尋找應對絕望的方法，讓我們在解決問題的過程中成長。

我的一個朋友說過，擺脫絕望最好的辦法就是要變得勤勞，即「多動腦、多動心思、多行動」。的確，當我們絕望時，會變得很「懶」，我們腦海中每出現一個辦法，會因為害怕失敗，就迅速地否定它。否定的次數多了，我們就會否定自己，甚至拒絕成長。

只要我們熱愛生活，我們內心就會變得異常堅強。無論是在生活還是在工作中，我們只有揮刀斬斷自己根深蒂固的惰性，斬斷阻礙自己前進的不自信，持續地去做自己的事情，會讓我們發現更大的世界，同時讓我們像英雄一樣發出耀眼的光輝。

不管在什麼情況下，認定一件事情後，只要還沒有到最終結局，你就得用一輩子的時間去堅持、去執行，相信你在經歷人生的風雨之後，這個世界，將會讓你看到絢爛的彩虹！

所以，我們要趁著青春的花樣年華，好好經歷，好好爭取，好好成長，我們要明白一件事情，只有全心全力投入地去做，才能超越常人。這就是人們所說的「臺上十分鐘，臺下十年

功」。別只看到別人臺上的風光，也要明白，在臺下，也有你不曾看見過的十年孤寂、隱忍、修練、磨練，以及堅持。最後請你記住：

你想要成功，光有機會是不夠的，你既要把握住機會，更要讓自己學會在絕望中成長！

你不經過磨難，怎學會豁達與平靜

希臘作家普魯塔克（Plutarch）曾說：「衡量一個人，可以看他在不幸之下保持勇氣、信心的方式。」事實的確如此，有多少人，面對磨難時選擇自暴自棄，最終讓自己葬送在磨難之中。而對於那些勇敢的人來說，他們會從最初的慌張和束手無措，到從容地面對苦難、戰勝苦難，再到最後的笑對磨難、品味磨難、享受磨難帶來的痛苦 —— 是的，在他們的努力下，磨難不但沒有摧毀他們，反而成為他們求之不得的機遇。他們藉助磨難，完成了人生最華麗的蛻變！ 對於我們每個人來說，磨難不是我們生活中必需的，但一個人若不承受痛苦和磨難，既不能體會到生活的精彩，也無法體驗到生命的精彩。

諾貝爾獎得主巴拉尼（Róbert Bárány）在年幼時因病成了殘疾人士，突如其來的災禍讓可憐的巴拉尼痛不欲生。那段日子，他終日躲在家裡，不想出門。

看到巴拉尼這個樣子，他母親的心像被刀絞一樣，但她還

是強忍住自己的悲痛。她想，孩子現在最需要的是鼓勵和幫助，而不是媽媽的眼淚。母親來到巴拉尼的病床前，拉著他的手說：「孩子，媽媽相信你是個有志氣的人，希望你能用自己的雙腿，在人生的道路上勇敢地走下去！你能夠答應媽媽嗎？」

母親的一席話，像黑夜裡的燈照亮了巴拉尼眼前的路，他孤獨的心彷彿有了依靠，他一邊點頭，一邊撲到母親的懷裡大哭起來。

從那以後，這位勇敢的母親只要一有空，就教巴拉尼練習走路，做體操，常常累得滿頭大汗。在母親的鼓勵下，巴拉尼開始進行各種高難度的訓練。

有一次，母親得了重感冒，她想，做母親的不僅要言傳，還要身教。儘管發著高燒，她還是下床按計畫幫助巴拉尼練習走路。

巴拉尼看著汗水從母親臉上淌下來，被深深地打動了，他在心裡對自己說：「今後，無論發生什麼事，我都要像媽媽這樣堅強地撐下去。」

那天，母親咬緊牙關，硬是幫巴拉尼完成了當天的訓練計畫。也是在這一天，母親的榜樣，深深教育了巴拉尼，他終於承受住了命運給他的嚴酷打擊。

從此以後，巴拉尼一邊用體能訓練彌補殘疾給他帶來的不便，一邊刻苦求學。他的課業成績一直在班上名列前茅。高中

畢業後，他以優異的成績考進了維也納大學醫學院。

大學畢業後，巴拉尼克服各種困難，以全部精力致力於耳科神經學的研究。幾年後，他終於獲得了諾貝爾生理學和醫學獎。

有人說，磨難是造物主恩賜給我們的一劑良藥，它可以醫治我們身上的許多毛病。例如磨難增加了我們生命的韌性，使我們更加堅韌，走得更遠；磨難讓我們懂得珍惜當下平靜的生活，唯有在磨難面前，我們才會懷念之前平和安穩的日子；磨難讓我們學會豁達與平靜，不再怨天尤人。磨難不為人們所喜，但它從另一種角度告訴我們，什麼是愛和珍惜。

磨難，能鑄就我們不屈不撓的意志，激發我們身上的潛能。所以，我們不要害怕遇到磨難，正是由於磨難，我們的生命才更有價值，我們的意志才更加堅定，我們的思想才更加成熟。

她出生在一個書香世家，天生聰慧美麗。8 歲那年，她陪同學去報考舞蹈學院，當時學院在該地區只招收三到五個學生，本來酷愛讀書並渴望成為一名教師的她，因為優越的先天條件被主考老師錄取。

能上舞蹈學院，在別人看來她似乎進入了藝術殿堂。而實際上，學習芭蕾舞卻枯燥而艱辛。加上老師的要求極為嚴格，每天光踢腿就得幾千次。穿著尖尖的鞋子，全身的重量都集中在腳尖上，一天練習下來，腳尖都磨出了血，脫襪子的時候，

血都黏上了，揪心地疼。練習時間長了，腳趾甲翻起來，最後慢慢地都掉了……這種嚴格、痛苦的訓練讓年少的她曾有過無數次想放棄的念頭，不過，她最終堅持了下來。

在學期間，著名導演慧眼識才，讓毫無表演經驗的她在電視劇中演出女主角的妹妹。這是她第一次演出電視劇，也是她從舞蹈界跨越到影視界的第一次嘗試。

舞蹈學院畢業後，她順利地考進了國家級芭蕾舞團，成為該團最年輕的主要成員，經常參加世界各國的巡演。在眾多舞者中，她像隻出眾的天鵝，其嬌豔的美貌和高雅的舞姿十分引人注目。在一次去香港的巡演中，她精湛的舞藝和優雅的氣質深深地吸引了美國頂級舞蹈學院 —— 茱莉亞藝術學院的一位系主任。系主任在後臺找到她，並遞給她一個字條，對她說：「去美國進修現代舞和芭蕾舞吧！你的才華需要得到釋放，世界也需要你的舞蹈。」

15 歲的她為了心中嚮往的藝術，告別了恩師和家人，帶著200 美元來到了茱莉亞藝術學院主修「電影表演」，並繼續深造舞蹈。

在茱莉亞藝術學院，她為了賺取學費，過著「半工半讀」的艱辛生活：在餐廳端盤子、在學校做洗衣工作等。求學生活過得非常窘迫，有很多次，她甚至連房租都繳不起，曾經多次被房東趕出門。

　　即使生活如此窘困，她依然拒絕《花花公子》（*Playboy*）以25萬美元為酬勞拍攝雜誌封面的「邀請」。她拒絕的理由竟然是：自己跳芭蕾舞的服裝和舞姿是為了藝術，而《花花公子》不是為了藝術。

　　這件事讓她在西方新聞界引起轟動，媒體競相報導，稱她是「挺著脊梁骨的東方美人」。

　　她後來成為了一個在電影、電視、歌唱、舞蹈四個領域都有涉足，並獲得亮麗成績的四棲明星。她的成就和名氣不是因為她有風情萬種的外型，而是她那高貴的品格、善良感恩的情懷和富有傳奇的經歷。

　　由此來看，磨難是智慧的第一道曙光。上天之所以這樣安排，是因為人生的許多道理，不是單靠容貌和聰明就能夠理解的，而是要靠痛苦的磨礪，執著的堅守，方能徹悟。如果說快樂生活源於良好的心態，那麼承受痛苦的折磨則會讓心理變得強大；如果說快樂帶來的是享受生活，那麼磨難帶來的則是領悟快樂生活的真諦。一個人若不經歷磨難，就不能深切地體會到快樂生活之道，不能感受到生命的豐盈之美！

　　綜觀那些成功者的過往經歷，你會發現，他們經歷過無數次的磨難，那些磨難，非但沒有把他們壓垮，反而贈予他們生命的韌性，讓堅強不屈、開朗樂觀、豁達超然的品格根植在他們血脈中，流淌在他們生活裡，每每遇到苦難，他們要做的就

是面對、克服……正是這些磨難，幫助他們跨越了生命中一道道的門檻。

更為可貴的是，這些艱辛的磨難，鑄就了成功者那種屢敗屢戰的堅強性格。讓他們無論做什麼事情，都不會計較得失，在他們看來，迎難而上已經成為習慣，不管成功還是失敗。

人的生命就像四季循環，既要經歷明媚的春天、豐碩的秋天，也要經歷夏天的酷熱、冬天的嚴寒，唯有這樣，我們才能體會到四季不同的美妙之處，生命也因此變得豐潤充盈！

磨難就像四季中炎熱的酷夏和冰冷的寒冬，為我們的身體帶來另類的體驗，讓我們珍惜大好的春光；磨難，讓我們的生命更有價值，我們只有在承受磨難後，才能變得更加成熟和睿智。

所以，我們真的需要感謝苦難和逆境。因為真正使我們變得機智勇敢、樂觀自信、豁然大度的，不是優越的順境，而是那些殘酷的打擊和意想不到的挫折。請深深地感謝你生命中遇到的每次磨難吧！當你克服一次磨難，你的生命就拔高一次。可以說，磨難增加了我們生命的韌性，使我們更加堅韌，在人生的道路上走得更遠！

第二章　掌控自己，
你的每一天都會豐富多彩

德國思想家馬克思（Karl Marx）說：「道德的基礎是人類精神的自律。」律，法也，引申為「約束」。自律，就是自我約束，針對自身情況，以一定標準和行為規範來指導自己的言行，是嚴格要求自己和自覺規範自己的一種意識和行為。

但凡成功的人，大多都是自律的人。他們數年如一日地嚴於律己，鑄就自己堅強的個性，讓自己變得堅韌不拔，最終成就偉業，做了自己的王。

2018 年 6 月 14 日，俄羅斯世界盃開幕式在莫斯科盧日尼基體育場上開賽，全球 32 強匯聚於俄羅斯，四年一度的足球盛宴正式拉開序幕。

世界盃是強者的較量，其精彩之處在於所有隊員都各顯神通、竭盡全力地去打拚。球迷不僅可以從比賽中享受熱情、快樂，還能帶給我們很多人生的領悟。

在葡萄牙與西班牙的比賽中，C 羅（Cristiano Ronaldo）創造了奇蹟，當年已經 33 歲的他在比賽的最後幾分鐘依然以 2：3 落後於西班牙的情況下，踢進了一顆任意球，成功地扳平比分。為此，有人說，葡萄牙是 C 羅一個人的球隊。羅納度（Ronaldo）評價梅西（Lionel Messi）踢球是魔術化，而 C 羅卻有超強的進球意識。這一戰，使 C 羅也走向了自己的神壇。

這位 33 歲的葡萄牙當家球星，面對強敵西班牙，一人獨進三球，以一己之力拯救整個國家隊，炸翻了全球的社群媒體！

2018 年 5 月，C 羅面對媒體自豪地說：「如今的我，有著23 歲的身體。」33 歲的年紀，不輸 23 歲的體能和競賽狀態，C 羅到底是如何愈活愈年輕的呢？

俗話說「養兵千日，用兵一時」，世界上最偉大的球員沒有什麼祕密，若有的話，就是數十年如一日的自律生活。

C 羅之所以能成功，就是因為自律。身為運動員的 C 羅擁有足壇最完美的身材，他那一身堪稱完美的肌肉，不是簡單健身就可以練出的。這源於他多年來講究科學、嚴格的自律，他不但飲食吃得精準，平時運動鍛練也勤勞。他只吃低脂、低糖的食物，就連他愛吃的西班牙傳統烤鱈魚，也成為他偶爾的奢侈餐了，並且他拒絕任何酒精飲料。他每天都花幾個小時堅持各種體能訓練，哪怕是集訓時到了飯店，其他隊員都在休息或娛樂時，他仍然在房間裡做仰臥起坐，他每天都會花一個小時做 3,000 下仰臥起坐。對於 C 羅來說，就連短暫的休閒時間，他都是在家裡自我訓練體能。

「30 歲」對於足球運動員來說，已經是職業生涯的分水嶺。而 C 羅在 30 歲以後的球技表現卻比之前更加超越。在職業比賽方面，曾率皇家馬德里三度摘取歐洲桂冠；在國家隊方面，則帶領葡萄牙勇奪歐洲盃冠軍，五座金球獎加身，已是當今足壇第一人。

根據尤文圖斯足球俱樂部（Juventus F. C.）的體檢報告，C 羅

身體內的脂肪含量只有 7%（體脂率），這是相當驚人的數字，一個普通成年男性的體脂率通常是 15% 到 18%，而職業足球選手的平均水準是 10% 左右，C 羅的體脂率顯然鶴立雞群。

另外，體檢報告資料顯示：C 羅身體的肌肉量為 50%，而一般職業球員的平均水準大概在 46% 左右，C 羅的肌肉比例已經接近健美運動員的水準了。

有人說，C 羅的肌肉愈練愈多，這會影響他在球場上的速度和靈活性。可是實際情況卻不是這樣，在 2018 年俄羅斯世界盃足球賽上，誰是單次衝刺速度最快的球員？答案不是法國的姆巴佩（Kylian Mbappé），而是 C 羅。在一場比賽中，他跑出了每小時 33.98 公里的單次最高時速，為該屆世界盃之最！

貝因體育（beIN）的報導甚至稱 33 歲的 C 羅，現在擁有 20 歲的身體，他的生理年齡比實際年齡小 13 歲之多。這雖然是媒體較為誇張的讚美之詞，但不可否認的是，自律性強、特別努力的 C 羅，確實是超越年齡的存在，他自己表示將能踢球到 40 歲。若以他目前的情況看來，這並非沒有可能。

足壇的 C 羅，堪稱當代職業運動員的楷模。由此來看，愈是站在世界之巔，愈懂得自律的意義！

自律是約束內心的一種能力，它要求必須時刻警醒自己、內心洞悉而練達、沉穩而睿智、淡定而從容，忍得住孤獨、耐得住寂寞、挺得住痛苦、頂得住壓力、擋得住誘惑、經得起考

驗、受得起打擊。法律條文、道德規範都是「他律」，法紀、制度、規範是外在約束的根本，但不是自我內心的本質，只有出自個人內心的主動「自律」，才是實現自我發展的根本途徑。否則，一味地任由內心私欲擴張、放任個性為所欲為，終會自毀前程。

有人說：「人的一生是為欲望而生的一生，也是與欲望抗爭的一生。」成功人士大多是自律的人，他們在面對誘惑的時候，表現得氣定神閒、胸懷坦蕩。

我有一位朋友，在現在的公司服務了十年。十年當中，他每天早上四點半起床做一天的工作計畫，即把這一天中要做的工作一項項列好。晚上九點，會按時寫下工作總結，在寫工作總結時，又將其分兩部分：一部分歸納快速完成工作的經驗，這樣下次再遇到同樣的工作時，他能夠迅速完成；第二部分是把工作中遇到的「難題」羅列出來，一一尋找解決的方法。

不管是節令、假日，還是在出差途中，他每天都用記事本詳實記錄著。整整十年中，他在別人睡覺、打牌、打電動、聊天休閒時，堅持寫工作計畫和總結。其對時間的苛刻，讓很多人驚嘆。

他堅持的結果是什麼呢？

他從一個沒有經驗的銷售員，到公司的銷售冠軍，用了一年時間。他從一個基層員工晉升到主管，用了半年時間。他從

主管直升到公司副總，用了兩年時間。他再從副總成為公司的股東，用了五年……現在，他是集團公司的合夥人、總裁。

這就是嚴格的自律帶給我們的豐碩成果。他曾經對我說，在沒有寫工作計畫前，他換過 N 次工作，每份工作都是他主動遞出辭呈的，原因就是他做起來很吃力。他在反思後決定改變這樣的狀況，於是開始早起寫工作計畫、晚上寫工作總結。透過這一件事的自律，牽一髮而動全身。慢慢地，當他在改掉原來生活中那些惡習時，居然輕而易舉地扼制住了命運的喉嚨。

法國數學家、物理學家帕斯卡（Blaise Pascal）說過：「人類的一切痛苦，源於無法在安靜的房間獨自坐著」。這句話強調的就是自律的重要性。股神巴菲特也說：「我今天的投資成就，是依靠自己自律和別人愚蠢。」

巴菲特自從 1965 年接管波克夏・海瑟威公司（Berkshire Hathaway）以來，在這四十三年中，每五年間的公司業績都超過標準普爾 500 指數。

2011 年，巴菲特在印度接受訪問，曾有聽眾問了這樣的問題：「我們都知道，您是特別聰明的人，同時您也嚴格遵循自己的方式投資。是什麼讓您成為一位了不起的投資者，是智商還是自律？」

巴菲特當時這樣回答：

「我可以告訴你一個好消息，要做偉大的投資者，智商

（IQ）不必高得驚人。假如你的智商有 160，把其中 30 都賣給別人吧！因為投資用不著那麼高的智商。你需要的只是適合的特質，你要能夠擺脫他人的觀點對自己的影響。

「你要能夠觀察一家企業、一個產業，評估一家企業，不受到他人的想法影響。這對大多數人來說是很難做到的。

「大部分人有從眾心理，在特定環境下有時行為會出錯。網路上那些瘋狂行為就是這樣。我確信，這裡所有人都是聰明人，能把投資做得很棒⋯⋯智商 160 的人未必能打敗智商 130 的人。他們可能贏，但不一定具有優勢。具優勢的人有以下幾項特質：『他們真正去觀察企業和產業，不在乎旁人怎麼想、報紙怎麼寫、電視怎麼講，不去聽別人說什麼會發生這個、發生那個。』

「你必須得自己下結論，必須根據可以獲得的事實採取行動。如果沒有足夠的事實來下結論，就當沒這回事，接下去做別的。同時，你也得願意遠離那些別人認為很小、微不足道的事。

「很多人沒那種特質。我不知道為什麼會這樣。經常有人問我，是不是我與生俱來或者後天學到了這種特質。我不確定自己是不是知道答案。但特質的確是很重要的。

「如果你自己都不知道答案，就別指望別人會告訴你。簡單的說，要在股市中立於不敗之地，需要有自制力，形成自己的觀點，培養適合的特質，這些遠比智商更重要。」

以上巴菲特說的這番話，讓我們了解自制力的重要性。「看看某支在紐約股票交易所上市的股票，也許它過去 12 個月的股價比以往的低位高出 50%，就在低點上方那麼多的波動。那你只能靜觀其變，等到自己覺得真正有吸引力的時候再出手。除了等待，你可以把其他一切都拋在腦後。」

諾貝爾文學獎得主蕭伯納（George Bernard Shaw）說過：「自我控制是強者的本能。」而事實確實如此，那些將自律融入生活，把每一天都過得豐盈充實的人，往往都成為了我們生活的榜樣和羨慕的對象。它可以讓你擁有一個更加積極、可以自己掌握的人生。

自律，既讓你孤獨又給你自由

一個問答網站上有這樣一個問題：「你最深刻的錯誤理解是什麼？」按讚數最高的答案是：

「以為自由就是想做什麼就做什麼，後來才發現自律者才會有真正的自由。」

我們堅定地認為，人生在世短短數十載，就要活得自由自在，但事實上卻發現，我們一部分的不快樂，恰恰是來源於此，懶惰和空虛讓我們的生活不受控制地走向下坡。

說到自律，有個大家都知道的「先別急著吃棉花糖」實驗：

　　老師在十幾個孩子面前放了糖果，老師出去幾分鐘期間不允許他們吃，可有些孩子馬上就吃了，有些孩子能堅持到最後。這個簡單的實驗，美國堅持做了三十年。追蹤調查發現「堅持到最後的孩子」在同齡人成就排名都是正數 15%，而「最先吃掉糖果的孩子」總排在倒數 30%。這個結果說明優秀的孩子自律性強，具有「延遲滿足」（Delayed Gratification）能力。

　　生活中，我們常常看到 20、30 歲的成年人，有些只知道吃喝玩樂，很可能就是他們在幼年的口腔期沒有滿足、沒有充分建立自我，所以即使成年後也可能停留在最初階的生理需求層次上，只懂滿足簡單的生理欲望。

　　德國哲學家康德（Immanuel Kant）曾經說過：「自由即自律，一個人只有絕對自律才會相對自由。」我們身旁有不少例子都是不懂得節制而造成身體健康問題，有人大約 40 歲，熬夜、應酬、喝酒、睡懶覺，之後就是腦中風，每天大把大把地吃藥，一點自由都沒有了。在這裡，自制力意味著健康。

　　一位社會學家用五年時間研究 170 位富豪們的生活，發現 76% 的富人堅持每週做有氧運動三十分鐘以上，因此他創造出「富有的習慣」這個名詞。放縱自己的欲望是最大的禍害，不管出於什麼原因，正如康德所說，假如我們像動物一樣，順從欲望、逃避痛苦，我們並不是真的自由，只是在從眾，唯有自律才會使我們與眾不同。

　　我大學時的一個室友，從大一開始練瑜珈，到現在已經堅持十二年了。四千多個日子，她沒有一天間斷過：每天早上五點，她不用鬧鐘，就習慣性地起床，梳洗完畢後，練四十分鐘的瑜珈、再吃早餐，然後神采奕奕地去上班。

　　十二年堅持的成果是，她幾乎沒生過病，就連偶爾一次的感冒，也不用看病吃藥，僅用多喝水和運動治癒感冒；即將 40 歲的她，生過兩個小孩，但她身材比婚前還要苗條、精瘦，皮膚比 20 歲時還要緊緻、有彈性。

　　走在人群裡，她的氣質顯得那麼清新脫俗。每次她們公司去了新員工，都會誤以為她是剛畢業的大學生。許多人驚嘆於她年輕美麗的同時，紛紛向她請教保持青春的祕訣。當聽到她每天五點起床時，就會頻頻搖頭，自認為絕對做不到。

　　雪梨大學的一項心理學研究發現，早起者為人通常更友善，更少出現「黑暗性格」。

　　南懷瑾說：「能掌握早晨的人，方可掌握人生。」一個人如果連早起都做不到，你還指望他這一天能做些什麼呢？古人云：「一日之計在於晨，一年之計在於春。」早上都抓不住，怎麼能抓住當天？

　　早上起來，人體從代謝率最低的睡眠狀態中醒來，如能適當運動，有利於提升代謝率，改善血液循環。早上運動，就意味著要早起，而早起的前提是要早睡。早睡早起，生活規律，

本來就有利於健康。

然而，在這個年輕人崇尚「夜生活」的世代，夜貓子愈來愈多，早上五點鐘起床，對大多數人來說是連想都不敢想的事情。

為什麼很多人做不到？就是因為缺乏自律性。

有一位朋友曾經意味深長地對我說過以下這段話：

「自律時我們所要面對的最大的問題，就是孤獨。你想啊！一個人每天從早到晚持久地重複做一件事情，確實讓人感到枯燥乏味。但自律就像蛻變的蛹，在經過一段漫長、痛苦或者前途未卜的經歷後，就能成為美麗的蝴蝶。一個人，只有經歷了前期的掙扎和錘鍊，才會體會到那份悠然自得的從容。」

朋友的比喻道出了一個人自律的重要性。任何一個想成功的人都要自律，都不會只急著滿足眼前的一時之快、一時之樂、一時之美，而是著眼於對未來的風險、對自身和整體根本利益的考量。

一個懂得自我約束和自我控制的人，在成功路上必定能抵擋種種誘惑、規避重重風險、開拓豁達人生。這樣的人，不與世俗之人為伍，能做到出淤泥而不染。從這一點來看，在茫茫人海中，自律者又都是孤獨者。他們之所以能夠在繁華的都市裡做到大隱隱於市，是因為他們擁有嚴格的自律能力。他們不讓外界的「燈紅酒綠」擾亂自己內心的平靜，在享受孤獨的同時，能夠一心一意地做著自己喜歡的事情。

　　康德說：「我是孤獨的，我是自由的，我就是自己的帝王。」可以說，自律的最高境界是享受孤獨和自由。因為自律而孤獨，因為孤獨而成就最好的自己，讓自己成為一個自由的人。

　　有位哲學家曾說過：「世界上最強的人，也就是最孤獨的人。只有偉大的人，才能在孤獨寂寞中完成他的使命。」

　　外面的世界很精彩，燈火繚繞、美酒咖啡，混在其間的人，通常都是嚮往繁華和熱鬧的，因為要與各式各樣的人，甚至是不喜歡的人打交道，所以他們會戴上連自己也討厭的面具。這樣的人，是很難做真實的自己的，更不會有時間過自己想要的生活。對於自律者來說，他們是不會走入這樣的場域，也就不會有這類的困擾。

　　孤獨是每個人與生俱來的特質。二十世紀最具影響力的小說家卡夫卡（Franz Kafka）說：「儘管人群擁擠，然而每個人卻是沉默的、孤獨的。」但如果我們學會讓自己的靈魂與孤獨相處，那麼我們就會把孤獨當成享受，當我們甘願與孤獨相伴，就會實現「身心合一」的自由。

　　當一個人缺乏自律的時候，他做的事情總是受習慣和誘惑的影響，或者是被他人的思想、觀念所擾亂，幾乎永遠不可能去做內心真正渴望的事。

　　Google 有位高階工程師麥特・卡茨（Matt Cutts），他給自己訂下了一個三十天改變的計畫，每天做一些之前未能堅持的

事，例如：每天騎腳踏車上班、每天步行 10,000 步、每天拍一張照片、寫一本五萬字的小說；不看電視、不吃糖、不玩推特、拒絕咖啡因……可以說這份計畫充滿了挑戰性，做不到自律的人勢必無法完成。但麥特堅持了下來。

三十天後，昔日那個肥胖的宅男工程師不見了，他開始發自內心地喜歡騎腳踏車去上班了，甚至攀登上了非洲最高峰吉力馬札羅山。

心理學家曾對規律下過這樣的結論：「自律的前期是興奮的，中期是痛苦的，後期是享受的。」但有沒有發現，大部分人都在自律的中期 —— 痛苦期徘徊太久，以至於把痛苦當作是自律。而當你自律到極致，你會發現：自律能夠帶給你發自內心的平靜和享受。因為你知道，自己在一天天地改變，自律已經變成了一種深入生活的習慣。

其實，自律並沒有那麼難。因為自律這件事情，不僅僅局限於肉體或者是時間，更重要的是思考模式的修正和改變。只有思維轉變了，才會從時間、精力、情緒和身材各個方面，都形成「自律思維」。

那麼，如何才能將自律堅持到極致？

一、「設立具體目標」，堅持無一例外原則

研究顯示，當人們用具體的條文對他們的目標進行定義後，他們成功的可能性就會大大增加。大多數制定了明確目標

的減肥者，例如我要在一個月內瘦下 5 公斤，會比那些目標含糊不清的減肥者的減肥效果要好得多。

如果沒有目標，那麼每次面對美食時，就會放縱自己的口腹之慾。在進行考量的過程中，將會耗費能量，而這些能量是維持毅力的關鍵。

二、「一次只完成一項任務」，不要過多消耗毅力

在改變自己的道路上，許多人會同時為自己定下太多目標，例如半年內練出馬甲線、一週看兩本書、看美劇不需要字幕……然而，毅力就像人的肌肉一樣是會產生疲勞的。同時接受太多挑戰，通常無法堅持實施下去。

意志力就像手機的剩餘電量一樣。每天早晨你都是充滿電的，隨著你不斷使用電力，最後電力耗盡，你也就毫無意志力可言。

你在一件事上用的意志力太多，不等它恢復就投入下一件事，那麼肯定會疲憊不堪。注意儲備你的意志力，以便在最需要的時候能使用得上。

三、把挑戰分解成「小而易於管理」的目標

太多人幻想著一蹴可幾、一夜之間達成目標。當完成一個任務所需的時間很長、難度很大時，許多人就會半途而廢。這個時候，需要學會對任務進行分解。日本著名的馬拉松運動員

山田本一，曾在自傳中寫到自己成功的祕密：

「每次比賽前，我都要乘車把比賽的路線仔細看一遍，並把沿途比較醒目的標的畫下來。例如，第一標的是銀行，第二標的是古怪的大樹，第三標的是一棟商業大樓……，這樣一直畫完所有賽程路線的標的。正式比賽開始後，我就奮力向第一個目標衝去，到達第一個目標後，我又以同樣的速度向第二個目標衝去。四十多公里的賽程，被我分解成幾個小目標，跑起來就相對輕鬆多了。

「剛開始參加馬拉松時，我把目標定在終點線的旗幟上，通常跑到十幾公里的時候就疲憊不堪了，因為我被前面那段遙遠的路程嚇到了。通往目的地的道路是由許多細小的、易於管理的步驟組成的。」

不要總想著「畢其功於一役」。慢一點、穩一點，關鍵在於把大目標分解成易於消化、循序漸進的小目標。

你今天的自律，是為了明天更優秀的自己

隨著年齡漸長，我們會發現生活太不容易了。每天一睜開眼睛，會有很多事情等著我們來解決，這些事情經常搞得我們焦頭爛額、心情煩躁不安，使得我們動不動就會發脾氣。

其實，生活雖然不易，只要我們想開了、想通了，就能夠

活得更自在、更開心。無論你今天的遭遇多麼艱難，都是為了讓明天更好。所以，我們只能咬牙堅持下去。因為你現在所付出的辛苦，只是為了更好的明天。

古人云：「吃得苦中苦，方為人上人。」這是一個亙古不變的真理。一個人只有吃足了苦頭，才能讓自己變得足夠優秀，才能過上理想中的生活。

當你不夠強大的時候，你連一個小小的機會都爭取不到。當你足夠優秀的時候，你的面前會有一萬個機會，擋都擋不住。當你強大到能征服一切困難的時候，你想要的一切都會主動上門來找你。

「人生不如意事十之八九」，但我們為了更好的明天只能埋頭苦幹，一步步地使自己成長、茁壯起來，只有點點滴滴的累積才有一鳴驚人的可能。

所謂成長，就是讓你「跟跟蹌蹌地受傷，跌跌撞撞地堅強」。現在所付出的辛苦，就是為了奪取那一鳴驚人的可能，哪怕只有萬分之一的機會。我們今天努力付出，是為了不虛擲光陰，是為了對得起自己的內心，也是為了收穫將來更美好的生活。

一個願意成長的人，是一個高度自律的人；一個自律的人，會把身上的缺點轉化成優點，從而讓自己成為優秀的自己。

一位處於青春期的孩子，生性膽小、自卑，害怕在公眾場

合講話，更不敢跟陌生人溝通、交流。父母認爲他心理可能有問題，就帶他去看心理醫生。

醫生耐心地聽了孩子的「病症」後，他輕輕地握住孩子的手，親切地說：「恭喜你，有這麼好的優點。」

孩子一驚：「你的意思是，膽小是人的優點，那麼勇敢卻成爲人的缺點了？」

醫生微微一笑，說：「不，勇敢是優點。而你膽小是因爲謹慎小心，說明你做事牢靠，不容易出亂子。但因爲勇敢會影響其他人，所以，人們更重視它。這就好比黃金和白銀，人們比較重視黃金。」

見孩子依然一臉困惑。醫生問道：「你喜歡囉唆、嘮叨的人嗎？」

孩子搖搖頭。醫生溫和地說：「如果你看過法國作家巴爾札克（Honoré de Balzac）寫的小說，就會覺得這位大作家其實既嘮叨又囉唆的，他在描寫一個小細節時，會婆婆媽媽地寫了半張紙。可是，這正是他作品的特點，我們能說這是他的弱點嗎？」

孩子天真地笑了，搖了搖頭。

醫生又問：「你是不是討厭醉鬼？」

孩子點點頭：「很討厭。」

醫生說：「可唐朝大詩人李白就是大酒鬼呢……」

孩子急忙打斷醫生：「不對，李白是愛喝酒的大詩人，他很多名詩都是酒後寫的呢！」

醫生讚道：「你說得很對。弱點在不同的人身上，會呈現不同的色彩：有的酒鬼就只是一個酒鬼，喝醉了害人害己；但李白卻是棲身於酒中的詩仙。」

見孩子連連點頭，醫生接著說：「我覺得人的弱點，其實也可能是優點。假如你是一個隨時要上戰場的士兵，那麼膽小就是弱點；但若你是一個司機、一個治病救人的醫生，那麼膽小謹慎就是珍貴的優點。所以，你與其想辦法克服它，不如想辦法增長自己的學識、才幹，當你擁有足夠的見識、高遠的眼界和寬闊的胸襟時，即使你想當一個膽小的懦夫，都很困難。」

孩子聽後笑著點了點頭。

從那以後，孩子回到家裡，開始為自己制定嚴格的「改變」計畫：每天在課餘要閱讀的書籍（規定自己早上大聲讀詩或是英文，提高自己說話能力），每週要參加的體育運動，每月要寫一篇文章發表在部落格上……為了配合這份改變自我的計畫，他每天必須要有規律的作息習慣。

半年下來，他有了明顯的改變，廣泛的閱讀讓他博學多才，健壯的身體讓他變得開朗自信，他定期寫的部落格開啟他與粉絲的互動。在不知不覺中，他已經成為一個健談、人緣佳

的陽光男孩，朋友也多了起來。

是自律，讓故事中的男孩把他認為的劣勢巧妙地演變成優勢。由此來看，對於每個人來說，只要我們能夠認清自己，讓自己在生活中用「自律」來克制身上的劣勢，那麼終有一天，你的劣勢會成為讓你引以為豪的優勢。

「寶劍鋒從磨礪出，梅花香自苦寒來」，我們身上的每一個優點，都來自日復一日的對自己「壞習慣」的克制，對自己「缺陷」的修復。這個過程是很艱辛、磨人的，稍微鬆懈就會前功盡棄。若你能夠堅持下來，那麼「自律」將會帶給你豐厚的回饋，甚至能夠改變你的命運。

在美國史丹佛大學附屬幼兒園的教室裡，坐著幾十個只有 4 歲的小孩，在他們面前的桌子上，各放著一塊棉花糖。

看著孩子們一臉驚喜地盯著桌上的棉花糖，老師說道：「這是我分給你們的棉花糖，現在我有事要出去，給你們兩個選擇：可以立刻吃掉，也可以等到我回來再吃。不過，能等到我回來才吃糖的孩子，我會再獎勵他兩塊棉花糖。」

老師走後，這幾十個孩子開始了自己的選擇。

有一部分孩子無法抗拒糖果的誘惑，在老師走後不久，就立刻吃掉了那塊棉花糖。另一部分孩子為了多得到兩塊棉花糖，他們選擇抵抗眼前的誘惑，在等待老師回來的那段難熬的時間裡，他們有的轉過頭不去看棉花糖；有的則閉上雙眼假睡；

有的輕哼自己喜歡的歌來轉移注意力；有的則與身旁同學不停的說話；有的趴在桌上呼呼大睡……總之，他們為了抵制棉花糖的誘惑，根據自身情況，想了各式各樣簡單且實用的小方法。這些可愛的小孩子，憑藉堅強的意志力，勇敢地勝過了自我，當老師回來時，他們才大膽地去看桌上那塊屬於自己的棉花糖。他們在得到老師的表揚後，又獲得了兩塊棉花糖。

故事到這裡並沒有結束。在十幾年後，這些孩子進入了青春期，他們的表現迥然不同：

那些在 4 歲時就能夠為兩塊棉花糖而堅持等待的孩子，具有較強的競爭力、較高的效率，以及較強的自信心。他們能夠更好地應付生活中的各種挫折和壓力。不管遇到多大的困境，他們都不會自亂陣腳、驚慌不安，不會輕易崩潰。因為他們具有較強的責任心和耐心、自信、樂觀，辦事認真可靠，所以普遍容易贏得別人的信任。

而當年那些立刻吃了棉花糖的孩子，其中約有三分之一左右的人缺乏上述人格特質，心理問題也相對較多。在人際社交方面，他們羞怯退縮，自負又優柔寡斷；一遇到挫折就心煩意亂，把自己想得很差勁或一文不值。

這就是著名的「成長追蹤實驗」。心理學家米歇爾（Walter Mischel）從 1960 年代開始，對史丹佛大學附屬幼兒園的孩子們進行追蹤研究，從他們 4 歲到高中畢業。這個實驗結果告訴我

們，4 歲的孩子當初做出怎樣的選擇，不但從一種角度反映出他的性格特質，而且在一定程度上預測了他未來的人生成就。

用自律來克制自己性格中的「缺陷」，並且是愈早愈好，這非常有利於你以後的人生之路。泰戈爾（Tagore）說：「要進行嚴厲的自我克制，因為克制本身就可以作為一種精神寄託。」

通常人們所認同的劣勢或缺點，其實都是你變得平凡的藉口，就算你擁有最好的競爭條件，藉口也會讓你缺乏自信，變成阻礙你前進的劣勢。

提到 NBA 的夏洛特黃蜂隊，相信很多人都不陌生。人們尤其喜歡看明星球員波古斯（Tyrone Bogues）上場，大家被他那高超的球藝所折服。

身為一個籃球球員，波古斯的身材並不算高，特別是在身高 200 公分都嫌矮的 NBA 中，身材矮小的他，就像一隻小黃蜂。

別看波古斯在身高上處於劣勢，但他卻是 NBA 表現最傑出、失誤最少的後衛之一，不但控球一流、三分球精準，就連穿梭在高大球員中帶球上籃也非常勇敢、靈活。當他在籃球場上像一隻鳥般地自由穿梭時，場邊的觀眾都會忍不住地驚呼、叫好。

波古斯自小身材就長得矮小，但他非常熱愛籃球，幾乎每天都和同伴們在籃球場上玩。他夢想著有一天可以打 NBA，成

為全國皆知的明星球員。

波古斯對同伴說：「我長大後要去打 NBA。」

那時候，打 NBA 是所有愛打籃球的青少年的夢想。當同伴們聽了波古斯這個夢想後，都會忍不住哈哈大笑，有的同伴覺得他在說笑話，他們認為這個身高只有 160 公分的矮個子，是絕不可能進入 NBA 的。

但是，波古斯並沒有理會這些嘲笑，他深知「個子矮小」的缺點，就堅持用更多的時間來練球，在日復一日的訓練中，他不斷地利用自己「個子矮小」的缺點，在訓練中成就自己：他運用了自己個子矮小的優勢，行動靈活迅速，幾乎沒有失誤，而且正因為個子小，反而抄球更容易得手。

經過多年的苦練，不但讓他球藝大增，還讓他養成了善於歸納的好習慣。最終讓他成為全方位的籃球運動員，也成為最佳的控球後衛。

優秀的波古斯並不是天生的籃球好手。他之所以能有今天的成就，是因為他超強的自律能力，這種自律的態度表現在他苦練球技上。他明知自己身高條件差，但他還是用自律精神，讓自己十幾年如一日地不斷精進球技，最後靠著自己的意志與苦練，一步步地把劣勢轉變成了優勢，創造了籃球場上的另一個奇蹟！

一個人成功與失敗真正的差別，就在於有沒有努力前進的

活力和動力。而這種活力和動力，需要有足夠的自律能力來堅持。

柏拉圖（Plato）說：「自律是一種秩序，一種對於快樂和欲望的控制。」當我們想要放棄時，我們可以問一問自己：「你在做什麼？你不能做什麼？什麼可為？什麼不可為？對你來說最重要的是什麼？」同時堅定地告訴自己：「學會嚴格要求自己，做一個自律的人！」

為什麼自律能夠帶給我們滿滿的正能量？是因為自律會讓我們在某一時刻，決定我們意志和行為。自律雖然會讓我們失去很多「享樂」的時間，但卻讓我們抵制了身邊存在的各樣誘惑，例如電子遊戲的誘惑、網路聊天的誘惑、影視肥皂劇的誘惑……這些誘惑有時會讓我們獲得一時的放鬆和短暫的愉悅心情，但這些誘惑會讓我們陷入其中不能自拔，嚴重地影響著我們的課業、工作和生活。

曾經有一位心理學家，為了考驗人們的自我控制能力，在金庫的門上安裝一把很容易撬開的鎖，並告知參與實驗的人，金庫內存放很多錢財。心理學家在暗中觀察時發現，受試的人群中有 3% 的人曾經有過開啟金庫門的念頭，1% 的人因為金錢的誘惑撬開了金庫門，而剩下 96% 的人，雖然都知道門鎖的安全度低，門後的錢財豐厚，卻都在自己的心中上了一把鎖，告誡自己，不可越過自己的良心底線。

　　試驗中人們內心的那把鎖，也可以看作一個人的自律能力。在我看來，自律能力是擋在我們心理底線和誘惑之間的鎖，自律能力差的人，是沒有鎖的。

　　「今天作業太多，隨便應付一下吧！」

　　「今天工作太累了，我就不健身了，玩幾個小時的線上遊戲放鬆一下。」

　　「這幾天總是加班，晚上我得用美食、大餐來犒賞自己一下。」

　　「創業太辛苦了，人生短短幾十年，我還是不要這麼難為自己吧！生意這麼難做，我又何必這麼堅持，就放過自己了吧！」

　　……

　　以上這些話，都是那些缺乏自律的人的藉口。他們這些放鬆和偷懶，在我們看來只是對一點小事的放棄，或許一開始不算什麼，但是一旦累積了太多這樣的藉口，而且成為習慣，那麼這些壞習慣將伴隨他們一生，讓他們把大好光陰虛度，成為一個無為的平庸之人。

　　自律是源於我們內心的主動和自我的約束力。我們只要嚴格地要求自己，為自己制定一個合理的人生規畫，堅持完成、努力執行，透過自己的努力，就一定會有所收穫。

　　人生短暫，我們要想讓自己的人生過得有意義，就得嚴以

自律、嚴格地克制自己，這樣我們才能把有限的時間放到更多有意義的事情上，讓我們的生活更有品質，同時讓我們的生命按照我們想要的模樣燦爛地綻放！

你連情緒都掌控不了，何以掌控未來

有一個男孩脾氣很壞，於是他的父親就給了他一袋釘子，並且告訴他，每當他發脾氣的時候，就去後院的圍籬上釘一根釘子。

第一天，這個男孩釘下了 37 根釘子。慢慢地，每天釘下的數量減少了。他發現控制自己的脾氣要比釘下那些釘子來得容易些。

終於有一天，男孩再也不會失去耐性亂發脾氣，他很開心的告訴父親這件事，父親又再提醒他，以後每當他能控制自己的脾氣的時候，就去圍籬上拔出一根釘子。

一天天地過去了，最後男孩告訴他的父親，他終於把所有釘子都拔出來了。

父親牽著他的手走到後院說：「你做得很好，我的好孩子。但是看看那些圍籬上的釘痕，這些圍籬將永遠不能回復到從前的樣子。你生氣時所說出口的話，就像這些釘子一樣會在圍籬上留下釘痕。假設你拿刀子捅別人一刀，不管你說了幾次對不

起，那個傷口都將永遠存在。話語的傷痛就像真實的傷痛一樣令人無法承受。」

　　人在不開心的時候，習慣對身邊最親的人發脾氣，由於你知道他們會包容你，但常常發脾氣時說的話就像釘子一樣傷人。或許你是無心的，但那傷口就像圍籬上的釘痕，曾經構成了嚴重的傷害。別任意揮霍親人給你的愛，這樣對他們就是一種傷害。

　　拿破崙說：「能控制好自己情緒的人，比能拿下一座城池的將軍更偉大。」一個人只有掌控好自己的情緒，才能掌控自己的人生。

　　情緒看似簡單，卻能掌控我們的人生；情緒看似平常，卻能影響我們人際關係的好壞。

　　一個人心情的好壞是可以掌控的，只有讓自己處在良好的情緒、為自己營造良好的內心環境，才能擁有幸福的人生。

　　你沒有辦法永遠掌控外在的環境，但你可以掌控個人情緒的興奮或低潮，關鍵就在於掌控你的信念與做法。

　　情緒就像一把雙面刃，你愈了解怎麼駕馭它，它就愈能成為你的好幫手；如果你不懂它，任它恣意擾亂你，它就容易破壞你的人生。

　　無法控制自己情緒的人，一定也無法好好掌控周遭環境所發生的事情。情緒伴隨著每個人過每一天，沒有人可以避開負面情緒，因此必須學著好好了解「情緒」。

如果你控制不了自己的情緒，你就會時刻被情緒干擾，你的生活將會隨著情緒的波動而肆意妄為，促使你隨時做出不理智的事情，等情緒平息後，或是後悔莫及，或是極度自責……任由情緒發洩的人，就會成為情緒的奴隸，這樣的人是很失敗的。

我們活著能掌控的事情並不多，唯有控制好情緒，才有可能做自己的主人。

任何時候，我們都無法改變別人，哪怕是對待最親近的人，是為了對方好，也會受到對方的反抗。但是我們若能控制自己的情緒，就會與周圍的人和平共處，我們也就有能力選擇自己想要過的人生。所以，我們必須具備掌控自己情緒的能力，如果你不同意，就沒有任何人能讓你發脾氣。

一個善於控制情緒的人，才能掌控自己的人生，讓每一天都能在快樂中度過。

能控制住自己的情緒，也是一種美德。那些能控制自己情緒的人，都是大智慧的人，他們給人的印象永遠都是一臉怡人的微笑、開口說話也是口吐蓮花，他們都是彬彬有禮的對待每一個人，讓你覺得如沐春風，感到自己得到了足夠的尊重。

著名歷史學家顧頡剛患有口吃，再加上濃重的鄉音，他說話時很多人都聽不懂。

顧頡剛年輕時，有一次因病從大學休學回家，室友不辭千里搭火車送他回蘇州。室友們擔心他的病，所以在車廂中都

沒有說話的興致。顧頡剛為了打破沉悶的氣氛，就主動找人說話。他把目光投向鄰座一位和自己同齡的年輕人身上，主動向對方打招呼說：「你好，你也……是……是去蘇州的嗎？」

年輕人轉過臉看著顧頡剛，微笑著點了點頭。

「出去……求學的？」顧頡剛想讓對方說一句話，就又問。

可年輕人顯然並不想說話，只是保持禮貌地微笑著點點頭。一時之間，雙方的談話因為對方的不配合陷入了僵局。

「你什麼……時候……到終點站呢？」顧頡剛為打破僵局繼續追問著。

年輕人依舊笑而不語。這時，顧頡剛的一位室友看不過去了，生氣地責問年輕人：「你這個人怎麼回事？沒聽見他正和你說話嗎？」年輕人並不生氣，還是報以微笑。

顧頡剛伸手示意室友不要為難對方，室友就不再理會這個只會點頭微笑的木頭人，而是轉過身和身邊的朋友聊起來。

他們快到站準備下車的時候，顧頡剛突然發現那個年輕人不知什麼時候已經走了，座位上壓著他所留下的一張字條：「兄弟，我叫馮友蘭。我為剛才的行為感到抱歉。因為我也是一個口吃患者，而且愈急愈說不出話來。我之所以沒有回你的話，是因為我不想讓你誤解，以為我在嘲笑你。」

而馮友蘭，後來成為了一位著名哲學家、教育家。

　　成功者的最大特點，是能夠管理自己的情緒。不管發生什麼樣的事情，不管遇到什麼樣的人，甚至是有人故意挑釁他們，他們也不會為之所動，能夠做到鎮定，做到不發怒。這樣，他們才有時間讓自己冷靜下來處理事情，把事情做到更好。這樣的人，在管理自己情緒的同時，也樹立了自己的形象。

　　孔子說：「躬自厚，而薄責於人，則遠怨矣。」躬，就是反躬自問；自厚，並不是對自己厚道，而是要對自己嚴格。當別人做錯事，責備別人時，不要像對自己那樣嚴肅。只有嚴於律己、寬以待人，才能避免別人的怨恨。

　　負面情緒往往會影響我們的思考方式，當你受到負面情緒的干擾，就會失去正確的判斷力，即使是一件看似平常的事，也可能因為受情緒影響而做出誤判。所以在做任何決定之前，都應該好好整理自己的情緒，避免自己受到情緒的影響。

　　一個人在生氣的時候，很難做出正確的判斷，如果無法好好管理自己的情緒，再聰明的人，也一定會受到干擾。

　　日本的松下公司招募一批銷售人員，考試方式是結合了筆試和面試。這次徵求的缺額總共有十名，可是報考的人卻達幾百人，競爭非常激烈。經過一個星期的篩選工作，松下公司從這幾百人中選擇了十名優勝者。

　　松下幸之助親自審閱了這些優勝者的名字，令他感到意外的是，面試時讓他留下深刻印象的神田三郎並不在其中。於

是，松下幸之助馬上吩咐員工去複查考試分數的統計情況。

經過複查，員工發現神田三郎的綜合成績相當不錯，在幾百人中名列第二。由於電腦出了問題，把分數和名稱排錯了，才使神田三郎的成績沒有進入前十名。松下幸之助聽了，立即命令員工改正錯誤，盡快向神田三郎發出錄取通知書。

第二天，負責承辦這件事情的員工向松下幸之助報告了一個令人吃驚的消息：神田三郎由於沒有接到松下公司的錄取通知書，竟然跳樓自殺了，當錄取通知書送到時，他已經身亡了。

原來，神田三郎在得知自己沒被錄取後，他想到自己如此優秀，松下公司卻有眼無珠，一氣之下選擇了自殺。

這位承辦人員得知此消息後，自言自語地說：「太可惜了，這位有才華的年輕人，我們竟然沒有錄取他。」

松下幸之助聽了，搖搖頭說：「不！幸虧我們公司第一時間沒有錄取他，這樣的人是成不了大事的。一個沒有勇氣面對失敗的人，又如何能做好銷售工作！」

前奇異公司執行長傑克・威爾許（Jack Welch）認為：「一名優秀的員工應該具備出色的自制能力，一個連自己都管理不了的人，是無法勝任任何職位的，當然最終他也不會成為一名優秀員工。」這段話同樣適用於我們做人方面，身為一個人，如果連自己的情緒都控制不了，即便給你整個世界，你也早晚毀掉一切！

一名初入歌壇的新人，他滿懷信心地把自己錄製的音樂檔

案，寄給某位知名的音樂製作人。然後，他就日夜守候在電話旁等待電話聲響起。第一天，因為他還滿懷期望，所以情緒極好，逢人就暢談對音樂的抱負。到了第十七天，他因為遲遲未收到製作人回覆，所以情緒起伏很大，隨意罵人。等到第三十七天，他因為前程未卜，所以情緒低落，悶不吭聲。直到第五十七天，他因為久候期望落空，所以情緒壞透了，拿起電話就罵人，沒想到這通電話正是那位知名製作人打來的。他為此莽撞行為自毀了希望，斷了前程。

「覆水難收，徒悔無益」。當我們在為這名歌手惋惜的同時，會更深刻地明白無法克制自己情緒將會傷害別人的道理。

對於自制、自律的問題，作家傑克森‧布朗（Jackson Brown）有一個有趣的比喻：「缺少了自我管理的才華，就好像穿上溜冰鞋的八爪魚。看似動作不斷，可是卻搞不清楚到底是往前、往後，還是原地打轉。」

管理好自己的情緒，是一個人蛻變前的洗禮，讓你成為一個嶄新的自己。只是在管理情緒的過程中，會讓你經過一種煎熬，但只要你堅持下去，將會讓你終生受益。

一個人情緒失控後，在逆境中就會產生絕望感，缺乏繼續奮鬥的動力。為此，美國一位生理學家在研究情緒狀態對健康的影響時，做了以下實驗：

他把一支支試管插在正好是 0℃ 的冰水混合物容器裡，然

後分別注入人們在不同情況下的「氣水」，即用人們在悲痛、悔恨、生氣時口中發出的水氣，和他們在心平氣和時發出的水氣進行比較實驗。結果顯示，當一個人心平氣和時發出的水氣遇冷凝結成水後，水是澄清透明、無雜質的；悲痛時發出的水氣遇冷凝結後則有白色沉澱；悔恨時發出的水氣沉澱物為乳白色；而生氣時發出的「生氣水」沉澱物為紫色。他把「生氣水」注射到實驗鼠身上，幾十分鐘後，實驗鼠就死了。

　　由此來看，一個人若長期被自己情緒失控的「生氣水」淹沒時，輕則在面臨困難時一蹶不振，重則賠上自己的生命。那麼我們平時該如何管理自己的情緒呢？以下為你提供幾種方法：

一、轉移負面情緒

　　不要壓制憤怒，而是把憤怒的情緒巧妙地轉移。所以，需要替負面情緒找個發洩口，嘗試多運動，或培養興趣來排解不良的情緒；當氣憤的時候，慢慢由十倒數到一，並深呼吸，說話的聲音及速度要保持平穩；將你的不滿寫在紙上，並向你的知己、閨密傾吐。然後再提醒自己一切都過去的，該集中注意力認真工作，那麼一切就都會隨之好轉的。

二、保持「樂觀心態」

　　賓夕法尼亞大學心理學家馬汀・塞利格曼（Martin Seligman）曾對一家保險公司的銷售人員進行了一項調查。他把這些

銷售人員分為兩組：A 組能力很強但思想悲觀，B 組能力一般但高度樂觀。調查兩年後他發現：在第一年，B 組的銷售額比 A 組高出了 21%，第二年更高出了 57%。這就告訴我們，在平時生活中，要保持積極樂觀的心態。

三、學會「耐心等待」

當面臨眼前的誘惑時，提醒自己要牢記長期的目標 —— 不管你是想減肥，還是想獲得一個醫學學位。這樣你就會發現，耐心等待兩顆棉花糖並非一件很難的事。也就是說，「延緩衝動」你就有可能獲得成功。

四、練習「不生氣」

我們都必須認清一個事實：生氣無法解決問題，還可能將事情搞得更糟。如果想做出正確的事，就必須避免無意義的發怒。當你生氣時，負面情緒就會趕走你的好心情，並且讓你失去正確的判斷力，學會整理自己的情緒，並且練習「不生氣」，就能幸福地過每一天。

做一個有溫度的人，少生一些無用的閒氣

生命無常而又短暫，我們要善待周圍的人，讓自己做一個有溫度、有靈魂、有情趣的人，讓每一天都過得開開心心的。生命的寶貴在於不斷挑戰自我，更在於不斷創造新人生。

曾經有這樣一個故事：

有一個人在乘船渡河的時候，突然看到一艘船朝向他的船撞過來。這個人氣壞了，接連喊了好幾聲，對方都沒有人回應，於是，他對著這艘船破口大罵，把開船的人罵了個狗血淋頭。就在他罵得欲罷不能時，才忽然發現這居然是一艘空船，他的怒氣一下子消失無蹤了。

這個故事告訴我們，一個人生氣或不生氣，都取決於自己，確切地說，取決於自己的內心。在看到撞上來的船時，他心裡以為有人，就生氣、咒罵對方；等看到沒人時，他就不生氣了。

在生活中，我們生氣僅僅是因為我們認為對方這樣或那樣，而非僅僅是因為那個人對你造成的真實的傷害。

莊子說：「不譴是非，以與世俗處。」

當一個人心情不好或是「看不慣」的人、事、物愈多，這個人的氣也就會愈多，這樣的人，眼界也會愈來愈低，格局也會愈來愈小。

我們要想讓自己開心一些，就得做一個有溫度的人，這樣才會少受一些無用的閒氣。

有一位富有的老人，膝下無子女，又體弱多病。孤獨的他決定搬到療養院去，既然要去療養院，那麼他現在的豪宅，也就空下來了。於是，他宣布出售他的豪宅。此消息很快傳出

來，有意購屋者聞訊蜂擁而至。豪宅底價是 8 萬英鎊，但人們很快就將它炒作到了 10 萬英鎊，房價還在不斷攀升。

面對蜂擁而來的購屋者，孤獨的老人更孤獨了，只見他深陷在沙發裡，雙眼憂傷地看著這些精明的購屋者，聽著他們句句不離「錢」的話，他既無奈又無助，若不是因為身體不好，他是不會輕易出售這棟陪他度過大半生的豪宅。

他拒絕了那些喊出高價的購屋者。

第二天，一個衣著樸素的年輕人來到老人眼前，彎下腰，溫和地說：「先生，我也非常想買這棟住宅，可我只有 1 萬英鎊。如果您願意把這棟房賣給我，我保證會讓您繼續生活在這裡，和我一起喝茶、看報、散步，每天都快快樂樂的 —— 相信我，我會用整顆心來照顧您！」

老人聽後，眼神一亮，他看著這位真誠的年輕人，第一次露出了會心的笑容，立即答應把豪宅以 1 萬英鎊的價錢賣給了他。

一個身上具有正能量的人，才能釋放出溫度。一個人有溫度，才能去溫暖他人，故事中這位衣著樸素的年輕人，他雖然不富有，但他身上那份特有的溫度，能抵千金。這溫度就是一份擔當、一份責任、一份在困難面前不畏縮的勇氣……用溫度來衡量人生的年輕人，用自己的堅持和溫暖感動了老人，相信他跟老人在一起生活後，一定會和睦相處、感情融洽的。這種

相處之道帶給彼此的快樂，是錢財也買不來的。

做一個有溫度的人，會讓你擁有一顆誠摯的心。一個有溫度的人展現出一個人的素養、涵養和教養，也是一個人德商的表現。一個有溫度的人，就是用你的愛心轉化成人生的正能量，同時溫暖著他人。

布魯斯・溫斯坦（Bruce Weinstein）在《德商：比智商和情商更重要》（*Ethical Intelligence*）一書中提出德商的四大基本原則是：不傷害別人、讓事情變得更好、尊重他人並友愛。其中，不傷害他人是德商的首要原則。如果你想感受別人的溫暖，那就要修練一顆有溫度的心，用善良融化堅冰、用寬容稀釋矛盾、用自律約束情緒、用友愛溫暖旅程！南風北風和風最宜人，千商萬商德商應為先，讓我們彼此溫暖地提醒：做有溫度的人！做高德商的人！

戴爾・卡內基（Dale Carnegie）是美國現代成人教育之父，美國著名的人際關係學大師，西方現代人際關係教育的奠基人，曾經被譽為二十世紀最偉大的心靈導師和成功學大師。關於傾聽，他說道：「一對敏感而善解人意的耳朵，比一雙會說話的眼睛更討人喜歡。」

有一天晚上，卡內基到一個著名植物學家家中做客，植物學家很健談，他滔滔不絕地向卡內基講各種千奇百怪的植物的特性。卡內基極有興趣地聽著，遇到聽不懂的問題時，就像一

個孩子似的問一、兩句。對方立刻熱心地告訴他答案。

整個談話過程，卡內基都在「聽」植物學家「講」。他們結束談話後，植物學家高興地握住卡內基的手，由衷地說道：「到目前為止，你是我遇到的最好的談話專家。」

這就是傾聽的重要性。別看卡內基在與植物學家溝通時，幾乎沒說話，但他因為懂得傾聽，所以獲得了「最好的談話專家」的美名。

一個有溫度的人，必須學會傾聽，傾聽是世間很美妙的事情，你傾聽別人的故事，自己得到啟發，同時也讓別人心理舒服點。當然，不是要讓你當發洩的對象，而是傾聽，用心去做這件事，你會獲益良多。當有一個人能在你面前沒有隱藏的暢所欲言，不用顧忌太多，那麼他對你是敞開心扉的，是認可你在他心裡有個重要的位子的。

一個有溫度的人，總是愛笑。他們可能是被人稱作沒心沒肺的那群人，但是當你遇到困難時你總能第一時間想到他，就像是一種依靠，聽到他們的聲音就覺得其實事情還沒有那麼糟糕，因為他們樂觀，積極地面對一切不好的事物，愛笑的人運氣都不會太差，生活就是那麼怯弱，只要你勇敢面對他，這點困難算得了什麼呢？

一個人的存在，應該是能夠為你身邊的人帶來快樂，而不是讓人因為你而感覺痛苦。這也是一個人的磁場，你的修為決

定了你磁場的大小、磁性的優劣。也就是說，人要具有正能量。

那些有溫度的人，他們的言行舉止、對世界的認知或思考的方式，都正一點一滴地感染著我們。每當在心裡默默想起那些人的時候，我們就會覺得很溫暖。甚至有的時候，因距離遙遠也不曾為你做過什麼，但卻可以跨越時空來到你身邊，或者說是進駐你心裡。也許他們只是曾經說過的那句話，或者一個眼神，深深地觸動過你，讓你覺醒、令你回味，讓你重新振作起來，找到人生的方向。那是一種人格魅力的影響，在他們周圍、在他們的身上所散發出來的特質，已經光芒四射地在照耀著你了。

在我們的生命裡，沒有什麼是永恆的，一切都會隨著時間而消失，這是事物發展的必然規律。俄國文學之父亞歷山大‧普希金（Alexander Pushkin）說：「一切都是暫時的，轉瞬即逝。」因此，要學會珍惜你身邊的人，溫暖你身邊的人，懂得感恩和惜福。

所謂的高情商，就是取悅自己

在我們身旁有這樣一種人，他們好像永遠都是開心快樂的，每天微笑著跟每一個人相處。在跟人溝通時，他們說的話很令人舒服，讓你有一種傾訴的衝動；和他們在一起，會讓你時時刻刻都充滿了安全感。有人稱這樣的人是高情商的人。

　　情商（EQ），通常是指情緒指數，主要是指人在情緒、意志、耐受挫折等方面的優秀特質，其中也包括導商（LQ），是指領導指數等。其實，人與人之間的情商並無明顯的先天差別，而是跟後天的培養息息相關。它是近年來心理學家們提出與智商相對應的概念。從最簡單的層面來定義，提高情商是把不能控制情緒的部分變為可以控制情緒，從而增強理解他人及與他人相處的能力。

　　高情商的人最顯著的特點，就是遇事冷靜，能最好地激發自己適當的情緒；能感知他人的情緒，能更好地理解、體會到別人的感受，善於和他人溝通與合作。說得通俗一點，所謂的高情商，其實就是取悅自己。

　　一個帶給別人快樂的人，首先他本身就是一個快樂的人。這樣的人寬容、大度，更重要的是能夠管好自己的情緒，懂得取悅自己。

　　曾經有一位從小就愛寫詩的詩人，在經過多年的努力後，他寫了很多的詩，有的詩深受讀者的歡迎，也算是小有名氣了。

　　令詩人感到鬱悶的是，他創作的很多詩都被退稿了，這讓他懷疑自己的能力。久而久之，他對寫詩失去了興趣。

　　有一次，詩人到一座寺院去拜訪一位高僧，詩人向禪師說了自己創作方面的苦惱。高僧笑著指著寺院裡一株茂盛的植物問：「你看看，那是什麼花？」

詩人脫口而出：「夜來香。這種花只在夜裡才能開放，但我很喜歡。」

高僧點點頭，說：「你說得很對，夜來香只在夜晚開放，這也是它名字的由來。那你知道嗎？夜來香為什麼不在白天開花，而在夜晚開花呢？」

詩人搖了搖頭。

高僧笑著說：「很簡單，在夜晚開花，開得再美，別人也注意不到，但它開花，並不是讓別人欣賞、讓別人喜歡，它只是為了取悅自己！它開得美，它感到快樂就足夠了。」

詩人大吃一驚，問道：「取悅自己？」

高僧解釋：「那些白天開放的花，都是為了引人注目，希望能得到他人的讚賞。只有這夜來香，在無人欣賞的情況下，它們依然燦爛盛放，芳香自己，它的美和香氣只是為了讓自己快樂。一個人，難道還不如一株植物？」

詩人聽了若有所思。

高僧繼續說道：「世界上有很多人，總是把自己的快樂建立在別人的讚美聲中，為了取悅別人，強迫自己做不喜歡做的事情，這樣做只會限制自己的快樂。人要為自己活，只有自己快樂了，才會把快樂傳給別人。所以，我們每個人要學會為自己做事情，學會取悅自己。」

詩人恍然大悟地說：「師父，我懂了。無論是一個人的快

樂，還是幸福，如果建立在他人身上，自然永遠都不會有結果。所以，我們不能活給別人看，而是為自己活著，做自己喜歡的事情，取悅自己，這樣才能夠做有意義的事情。」

高僧笑著點了點頭：「一個人，只有在取悅自己的情況下，才不會自怨自艾；只有取悅自己，才能逐步地提升自己；只有取悅自己，才能夠影響他人。就像這夜來香，雖然只有在夜晚才綻放，可我們很多人，都是聞著它的芳香入睡的；也有很多像你一樣的人，因為夜來香的香氣，而喜歡它的。」

我們活著，不是為了取悅這個世界，更不是為了取悅周圍的人，而是用我們自己的生活方式來取悅自己，自己開心了、高興了，就會帶給別人開心、高興。

人的一生，什麼最重要？答案就是讓自己快樂。一個快樂的人一定是一個幸福的人，一個幸福的人，從來不會被世俗的一些雜事纏繞，不會被他人的觀點和評論影響，更不會因為一些小事而自尋煩惱。無論他處於什麼樣的環境，他都有能力讓自己快樂起來。

一個會取悅自己的人，其生活也是既充實又豐富多彩的。哪怕他是獨自一個人，仍然會去做喜歡的事情，例如一個人打扮合宜地去看一場喜歡的電影、在家裡默默地聽著喜歡的音樂，或是讀一本書，或者是一個人獨自旅遊，甚至發個呆，也是很美的享受。

　　取悅自己，不是為了抵抗他人、抵抗世俗，而是讓自己變得更好的同時，吸引和影響著身邊的人和身邊的事，使他們也都能快樂起來。

　　快樂的人吸引來快樂的事，這是心想事成的祕密；快樂的人吸引同樣快樂的人，這是吸引力法則。

　　取悅自己，即使你在寂寞中，依然會獨自綻放美麗；取悅自己，即使你在孤獨中，微笑也會明媚燦爛；取悅自己，即使你是一個人，你的世界也充滿著生機勃勃。取悅自己的人，既能善待別人，也能善待自己。

　　取悅自己最大的特點，就是高高興興地接納自己的一切，不但包括對自我價值的肯定，還包括對自己不足甚至殘缺的接納，對失敗挫折的包容。即使我們不夠英俊、不夠高大、不夠美麗，即使我們有性格和身體的缺陷，只要你能欣賞自己的可愛之處，那麼你就會快樂，因為快樂，你會微笑著對待周圍的人；因為你的快樂和微笑，你周圍的人也會受你傳染而快樂起來的。

　　「我身上有那麼多優點，我好愛我自己啊！」當高情商的人這麼對自己說時，他們會改變自己，直至成為最好的自己。所謂：「悅人者眾，悅己者王。」

　　此外，「接受自己」也是取悅自己的好處，你發現你的優點，自我欣賞，然後把這個優點加以開發，讓自己每天都有進

步，讓自己每天都為自己的進步快樂、開心，那麼你在讓自己變得愈來愈好的同時，成功也會悄然而至。

為什麼有那麼多大器晚成的人？就是因為他們隨著年齡的增長，就不想再取悅誰了，而是選擇取悅自己，讓自己快樂，或者是跟誰在一起舒服就和誰在一起，和彼此喜歡的人在一起，你自己就會好好說話，自然會讓別人喜歡你。

當一個人開始取悅自己時，其身心就會變得更加美好，並且不斷地「完美」起來。在這個急功近利、浮躁的時代，你的美好與安靜，對他人來說，是無價之寶。

不要總是為了取悅別人，而對別人付出太多，這會讓你變得脆弱不堪，當你的利用價值被耗盡後，你在別人眼裡什麼也不是。所以，我們要在不自私的同時，學會愛自己、寵自己，發現自己的可愛和美好之處，把更多的驚喜和快樂留給自己。只有取悅自己，別人才會來取悅你，而你的價值，才會讓他人更美好。

能夠與自己情緒和解的人，最終也會和快樂和解

蔡康永稱高情商並非是指不發脾氣，而是要合理地發脾氣，讓自己的情緒可以順暢地表達，舒服、坦率地做自己，才能讓自己和世界都開心。

　　心理學認為當真實的情感與想法得不到適當方式表達時，它們並不會自動消失，而是被壓抑了下去，從而轉化為憂鬱或焦慮的心情。

　　一個高情商的人，應該懂得自然地表達自己的情緒，而不是壓抑它。

　　一個遠房表姐，原本性格開朗、溫柔的她，結婚後脾氣變得暴躁不安，動不動就跟丈夫吵架。青春期的孩子受不了他們天天吵架，一氣之下離家出走過很多次。丈夫為了躲她，經常藉口加班不回家。

　　時間長了，表姐竟然得了輕度憂鬱症。

　　心理醫生在幫她治療時，她憤怒地向醫生抱怨，她的丈夫不關心她和孩子，對這個家不負責任等等。

　　醫生在了解她的真實情況後，他發現家人對我表姐一直很容讓、遷就，而我表姐發脾氣的根源，就是不懂得控制自己的情緒。簡單地說，是不夠成熟。有時就因為一件芝麻綠豆般的小事，甚至是連事情的根源都不了解的情況下，她就會發脾氣。

　　有一次，她丈夫過生日，她特意早早回家，精心為丈夫準備了禮物、買了蛋糕，又做了一桌子豐盛的菜。正當她滿心歡喜地等待丈夫時，突然接到丈夫的電話告訴她：「老婆，對不起，今天公司加班，我……」

　　「什麼？我為了幫你過生日……」她聽完勃然大怒，在電話

上把丈夫痛罵了一頓：「你如果今天晚上不回家，你永遠別回來了。」

她掛上電話後，氣得差點把一桌子的豐盛菜餚給掀了，剛好在這時候兒子回家了，不知情的兒子，對她說：「媽媽，我們今天週考，有一道題我做對了，後來檢查時我又改錯了……」

她憤怒的情緒正好沒有發洩的地方，不管三七二十一，對著兒子就是一頓數落，兒子氣得轉身回房間鎖門，晚飯也沒有吃。

這時，丈夫回來了。原來，丈夫起初想打電話告訴她，今天公司加班，他為了早點回家讓老婆幫自己過生日，午飯他沒吃就在趕工作，所以，主管要求大家加班必須完成個人負責的工作時，他其實早就完成了。他打電話給老婆，本來是想炫耀一下的，結果……事後，她得知兒子那次週考考得很好，兒子檢查時先是把對的改錯了，後來又改回來了。兒子是想在她這裡「炫耀」一下的，結果她不分青紅皂白地大發雷霆，把家的氣氛搞得烏煙瘴氣的。

成熟的人具有兩個的特質：一是能接受自己，二是能控制自己的情緒。動不動發火的人，實在不夠體面。只有找到發脾氣的根源在哪裡，才能不失控。了解自己每一種情緒的出現理由，才能與自己和解。

然而他們不明白：有時候只需要與自己和解，才能心平氣

和地與這個世界和解。當自己不再需要總是和什麼對抗著的時候，才發現節省下來的精力和時間，竟然可以做那麼多曾經想做的事情。

1983 年的一天，在美國亞利桑那州圖森市的一家醫院，一個女嬰呱呱墜地，令她的父母感到吃驚的是，女嬰竟然沒有雙臂。

殘缺的女嬰在父母的關心呵護下，逐漸成為一個可愛的小女孩。然而，隨著女孩年齡的增長，她發現自己與同齡的玩伴們有所不同，每當她看到玩伴們張開天使般的雙臂，在陽光下歡樂奔跑的時候，她就非常傷心。漸漸地，她變得不合群，性格也變得內向，每天一副鬱鬱寡歡的樣子。

有一次，她從外面跑回家，向母親哭訴命運對她的不公時，母親語重心長地對她說：「孩子，神的確有些偏心，但神是要送給你更多的夢想，要讓你用行動去告訴人們 —— 即使沒有翅膀，也可以快樂地飛翔；就算沒有修長的十指，你同樣可以彈出美妙的琴聲，可以寫出漂亮的文章……」

「我真的能做到那些嗎？」女孩不相信地問：「我連雙臂都沒有啊！」

母親鼓勵她：「只要你肯努力，你就能做到。要相信自己。」

母親的話像暗夜裡的燈光，照亮了女孩前行的路。

從那以後，女孩不再沉淪，她開始接受自己的不完美。每

天起床後，她會對著鏡子中的自己說：「你要相信自己，別人做到的事情，你一樣能做到。」

女孩開始變得快樂起來，她想：「我有一雙非凡的腳，不只是用來奔走的，還是用來飛翔的。對，我要像鳥兒一樣在天空自由飛翔。」

在父母的幫助和支持下，女孩開始有計畫地訓練自己雙腳的柔韌性、靈活度和力量。帶著對美好未來的憧憬和希望，她克服了人們難以想像的困難，經歷了無數次的失敗，最終在人們的驚訝中，練出了一雙異常自由靈活的雙腳：她不僅能用雙腳吃飯、穿衣，輕鬆地完成生活的自理，還學會了用腳彈琴、寫字、操作電腦……她用雙腳做到了幾乎是常人所能做到的一切。

女孩開始在人們面前自豪地展示自己非比尋常的「腳功」，微笑著面對來自四周的奇怪眼光，當女孩能夠靈活地用腳代替雙手的工作後，人們對她敬佩不已。

14歲那年，女孩已經可以像正常人一樣用腳做事了。於是，她扔掉了那副裝飾性的義肢，穿著漂亮的無袖上衣，快樂、自在地行走在校園、購物中心、街頭……那副自信的樣子，就好像她也有常人的一雙臂膀一樣。

面對每天都進步的自己，繼續創造著生命中的奇蹟，她刻苦學習，作業寫得工整漂亮。從小學到中學，她的課業成績一直名列前茅，老師和同學們一提到她，總是稱讚有加。

　　多年後，當女孩拿到亞利桑那大學的心理學學士學位證書時，一家人幸福地擁抱在一起。父親自豪地鼓勵她：「孩子，你還可以做得更棒！」

　　「是的，我還可以做得更棒！我還要繼續努力。」女孩自信地笑著附和。

　　為了增強腿部肌肉的力量，保持腿部的靈活性與韌性，女孩持續地跑步、游泳來訓練雙腳。在她的堅持下，她不但成為泳池裡一條自由穿梭的美人魚，還成為一家跆拳道館裡小有名氣的武功高手……一位醫生曾指著她的 X 光片，驚奇地喟嘆：「太神奇了，經過長時間的訓練，她的雙腳已變得異常敏捷，她的腳趾關節已像手指關節一樣靈活自如了。」

　　女孩仍然不滿足自己目前的進步，她又走進了汽車駕訓班。在教練驚訝的關注中，她很快地掌握了開車的各項技巧，通過了一連串的各項考試，順利地拿到了駕照，開始用雙腳嫻熟地駕車御風而行……

　　接下來，女孩要去圓自己心中埋藏已久的夢想了──她要親自駕駛飛機，擁抱蒼穹。

　　特拉威克（Parrish Traweek）是一位著名的飛行教練，他曾經培養出許多飛行員。當他看到親自駕車來報名的女孩時，直覺告訴他：「這個女孩一定會飛上藍天的，她就像一隻矯健的雄鷹那樣，不僅僅因為她那嫻熟的駕車技術，還因為她目光中流

露出的從容、淡定與果決。」

　　果然，女孩在學習飛機駕駛的時候，專注、認真、刻苦、沉著，她一隻腳操縱著控制板，另一隻腳操縱著駕駛桿，滑行、拉起、升空⋯⋯每一個動作都十分準確、到位，甚至比那些身體健全的學員表現得都出色。

　　25 歲時，女孩如願地拿到了輕型運動飛機的私人駕照，成為美國歷史上第一個用雙腳駕駛飛機的合法飛行員，開創了飛行史的先例。這位斷翅女孩的名字叫做潔西卡·考克斯（Jessica Cox）。

　　很多年後，教練特拉威克回憶說：「事實證明，她是一名優秀的飛行員，她駕駛飛機時非常冷靜和穩定。只要你有機會和她在一起相處二十分鐘，你甚至就會忘記她沒有雙臂的事實。她向世人展現出，人類可以克服所有的限制，她真是太令人難以置信了。」

　　潔西卡·考克斯之所以能夠成為美國家喻戶曉的勵志典範，是因為她能聰明地跟自己的情緒和解，雖身為殘疾，但她透過不斷的努力來轉移自己的情緒，最終靠雙腳生活和奮鬥的感人故事，為世人帶來了強大的心靈震撼和精神鼓舞，也為她帶來了快樂的生活。

　　潔西卡·考克斯的故事告訴我們，只要我們願意與自己和解，快樂和幸福就會如影相隨；只要我們願意與自己的情緒和

解，我們會把一切不可能變成可能。

遺憾的是，很多人都無法做到這一點，他們因為無法掌控自己的情緒，把自己好端端的健康身體搞出一身病；因為無法控制自己的情緒，在衝動之下做出傷害親人的事情。甚至，有人在暴怒之下拿刀砍向對方，在殺害別人的同時，也斷送了自己的人生。

每個人難免都會有情緒失控的時候，然而這並不可怕，可怕的是任其發展，自己成為情緒的傀儡。讓自己冷靜下來，有時候也很需要去正視這些情緒，去理解它們，控制它們，從根本上改變這些問題。

與人相處，我們應該懂得尊重每個人的感受，幫助彼此感覺更好而非更壞。我們對他人、以及對自己懷有何種正向或負面感受，將極大地影響著我們的生活品質。

許多時候，並不是外在事件，而是自己的心、自己的負面情緒，讓自己無法維持內在平衡，而將自己生活拖垮。所以，當痛苦的情緒打擊我們的時候，最重要的事就是要正視這個情緒，然後辨認出，到底是哪些念頭在引發、煽動這情緒。

人到了一定年紀，要學會一件事 —— 與自己和解。與那個別人眼中的自己和解，與以前的自己和解，與「我命由我不由天」的自己和解。

究竟要如何做到跟自己和解呢？可依照以下幾點來練習：

一、完全、徹底地「接納自己」

要讓自己從心裡明白，這個世界上並沒有絕對完美的人，每個人都會有缺點，我們所能做的只有不斷努力，努力發現自己的優點，也努力發現自己的缺點，再讓自己成長為自己喜歡的那個自己。

二、「善待自己」，從感恩自己開始

每個人都會有心情不好的時候，這時我們要學習做一個懂得感恩的人。要從感謝自己的負面情緒開始，當你感到焦慮、煩躁、生氣時，請不要拒絕它，而是正視它、擁抱它，只有真誠地接納自己的負面情緒，並把它當成自己的朋友，才能很友善地與它相處、跟它和解。

三、真正地「愛上自己」

我們都擁有愛自己的能力，可以努力做一個真正愛自己的人。一個真正愛自己的人，是不會輕易看不慣周圍的人、事、物的。我們要學會建立各種關係的邊界，自己與自己的邊界，自己與別人的邊界，邊界愈清晰，關係愈能長久。

四、多用微笑「溫暖自己和身邊的人」

要學會用心感受身邊發生的小事，做一個用心微笑的人，用心對待生活中所發生的事情。要相信生活中的我們，都是一

個平凡的人，卸下層層裝備，一個暖心的微笑，能溫暖自己，也能溫暖身邊的人。

第三章　幸福的泉源，
是洋溢在臉上的微笑

幸福和財富沒關係，和樂觀有關係

　　說到什麼是幸福，每個人的答案都不一樣：「有的人說是金錢、有的人說是美貌、有的人說是健康、有的人說是一家人平平安安……」。這些答案都沒有錯，只要從心裡感覺到快樂，你就是一個幸福的人！

　　我的一位恩師，如今已年過七旬，她經常說自己是一個幸福的人。但事實上，她卻是一個歷盡人生滄桑的老人。

　　恩師 38 歲時，她的丈夫生了一場大病，使得本來就在風雨中飄搖的家更加雪上加霜。由於她的丈夫無錢治療，只留下一貧如洗的家和兩個年幼的孩子便去世了。

　　在那個艱苦年代，她一個弱女子是如何把兩個年幼的孩子撫養長大的？外人不得而知，但箇中的艱辛，別人是難以想像的。

　　然而，命運沒有停止它的殘酷，兩個孩子上國中時，她因積勞成疾也生了一場大病，由於沒錢醫治，整日躺在床上痛苦地輾轉難眠，連口中發出來的氣都是冰冷的。望著身旁的兩個無助的孩子，她想起丈夫去世前說的話：「不管生活如何艱難，你都要保持樂觀，把我們的孩子撫養長大。」

　　我的恩師忍受著病痛，決定無論如何也要活下去。

　　恩師慢慢走下床，她對著鏡子中那一臉憔悴的自己說：「生活中的苦難是來度我的，只有戰勝它，才能變得堅強起來。未來是

美好的。」她說完對著鏡中的自己笑了笑，發現自己笑起來好美。

接著，她一面回娘家求助，一面去山上挖些可以治癒自己的草藥，不久之後，沒想到恩師的病竟奇蹟般地痊癒了……歷經滄桑的恩師每每跟我們講起當年的困境，臉上總是帶著一份感恩的微笑，感恩當年丈夫臨走前所說的話，一直給她無窮的力量把兩個孩子撫養長大。如今，歷經過七十多個寒冬的恩師，看著孩子們都成家立業，生活得幸福快樂，她總是充滿眷戀地說道：「這個世界多美好啊！我還要多活幾十個年頭……」

恩師的這句話至今仍讓我感動不已。儘管她嘗盡了人世間的殘酷與不幸，幾乎失去了人生最珍貴的一切，但她卻依然說自己是幸福的，相信世界是美好的，這多麼值得我們反思。我相信天下還有很多人跟我的恩師一樣堅強和偉大，雖然飽經磨難卻依然可以感受到幸福，可是為什麼我們生活中所遭遇的苦難遠沒有他們那麼多，但是我們卻感到不滿足、不幸福呢？

其實，幸福或者不幸福與我們所關注的焦點密切相關。我的恩師關注著世界積極的、美好的一面，因此她即使經歷了那樣的滄桑歲月，仍然可以感受到幸福，而我們在遭遇困境時又會選擇關注什麼呢？

簡單的說，幸福與否和樂觀與否，兩者息息相關。在現實生活中按其心理狀態，我們可以將人分為兩種 —— 樂觀者和悲觀者。

　　二者之間的差異恰如光明與黑暗之間的差異，儘管它們並無交集，但是也不相違背。就其各自的觀點而言，他們都有一定的道理，然而卻由此造成了不同的生活狀態。他們對待生活的態度決定了他們生活得積極與否，決定了他們的人生幸福與否。

　　樂觀者往往是從整體的角度來看待問題，這也是一種獲得幸福與成功的心理能力；而悲觀者在看待問題時則往往存在一定的局限性和片面性。前者會因樂觀而使自己的生活明媚燦爛；後者則會因悲觀而使自己的生活黯淡無光。

　　這兩種人都是透過自己的內心來建構自己的世界，只是由於他們各自態度的不同而使得他們建構出的生活有了天壤之別：

　　樂觀者能夠憑藉自身的智慧與見解來建構屬於自己的美麗天堂，他們所建構生活的過程就是感受幸福、建構成功的過程；而悲觀者則由於自身的局限性，使自己不自覺地深陷陰暗之中，飽受各種負面心理狀態的煎熬。

　　幸福，其實就像我恩師的經歷所詮釋的：「你是否快樂或幸福，不完全取決於你得到了什麼，更多地取決於你關注的焦點是什麼，感受到的是什麼。」

　　幸福，就是當你靜下心來時，你會發現身邊的一草一木、行雲流水、歡聲笑語，都是在向你傳遞著無比的幸福。你之所以活得不幸福，是因為你不懂得把握幸福，你心裡放不下的東西太多，想擁有的東西太多了。

　　學會放下，才能遇到一個最美的自己。在這個紙醉金迷的時代，慈悲善良地活著。用一顆明智的心，看清楚世界的醜陋，幫助需要幫助的人，愛你所愛的人，珍惜你所珍惜的事物。讓生活明媚，讓人生多一分簡約，做一個快樂的人。無論你的生命中過去曾有多少輝煌，但當繁華落盡，輝煌的成就終將成為歷史，喧囂終將歸於寧靜。生命開始由最初的瘋狂，變得淡泊、厚重。不再去追逐那些虛無縹緲的外在物質，而是學習在塵世中，沉澱自己，遠離浮華。

　　我們要得到幸福，就要學會關注事物積極的一面。你的成功與幸福就在你所關注的地方，就像我的恩師一樣樂觀地生活、樂觀地看待世界，讓樂觀成為一種心理本能，這樣我們才能成就屬於我們的幸福。具體地說，可以從以下方面來努力：

一、多與擁有積極心態的人相處

　　多與擁有積極心態的人相處，畢竟積極心態也是具有感染性的。不要把時間都耗在是非上，多用來品味生活、與親友們情感交流，會讓你的工作與生活更充滿熱情和喜悅。

二、換一種積極愉快的方式來說話

　　例如說「上了一天的班，現在可以休息了，真幸福」，而不是說「這一天快累死了，真可憐」；又比如說「這是上天對我的考驗，我一定要積極面對」，而不是說「我的運氣真差，怎麼這麼倒楣？」⋯⋯

三、珍愛自己的生命

世界上再沒有比生命更可貴的東西了。活著可以讓一切有所改變，才能夠度過難關。這是無庸置疑的真理，積極心態會協助你走出困境。

你不是不幸福，只是不知足

我有一個朋友，她和丈夫都有收入不錯的工作，家裡有房、有車、有可愛的女兒，但她經常跟丈夫吵架，嫌丈夫收入太少，沒責任感、不顧家，家中大小事情都要她張羅、操心；她那就讀小學的女兒是學校的風雲人物，能歌善舞，課業成績也不錯，但她埋怨女兒不聽話，說女兒的成績在全班進入不了前十名，還說女兒不愛念書……在外人看來，她家是父慈子孝，為什麼她就感覺不到快樂呢？原因就是她喜歡比較。她經常說鄰居的丈夫錢賺得多，對老婆體貼，住的房子也比她大；說她女兒的同學，作文得獎、數學考試滿分等等。總之，她口中的不幸福，說穿了就是不滿足，總覺得自己擁有的比別人少。

常聽人說「知足者常樂」，但這話說得多了就好像變成一句口號。在這個充滿了欲望和誘惑的世代，「知足」變得更為困難，它可能是很多人一輩子都無法達到的幸福所在。

一位醫生朋友，向我講述了一個患者的真實故事：

　　這位患者曾經擁有成功的事業和幸福的家庭。在他事業剛起步的時候，只是個小小的業務員，憑藉自己吃苦耐勞的精神，多年後他終於獲得現在的一切，有車、有房，還有了家庭。有一天下班回到家，他覺得特別疲累，他意識到自己對目前的生活感到十分厭倦，於是對妻子說：「親愛的，你看我們現在房子、車子都有了，存款也比較充足了，我想辭職休息一年，然後再重新找個輕鬆一點的工作，以後在家多陪陪你，你覺得怎麼樣？」

　　沒想到，妻子翻了一個白眼道：「一個男人，不想著怎麼把事業愈做愈大，倒想著閒雲野鶴的退休生活了，真不上進，這點存款你就滿足了嗎？我以後還能指望你嗎？」

　　妻子的這一番話深深地刺激了他，覺得自己的尊嚴受到了打擊。我們活著到底是為了什麼？就為了金錢嗎？就只為了滿足自己的無窮欲望嗎？

　　然而，命運總愛跟人開玩笑。還沒等他的事業更上一層樓，他就病倒了。身體愈來愈消瘦、胸悶，臉色也一日日地蒼白。他決定去做一次健康檢查，檢查結果讓他相當震驚 —— 肝癌。他一下跌坐在椅子上，醫生連忙安慰他說：「注意控制情緒，好好調整飲食、作息，心情舒暢很重要。」

　　他拖著沉重的腳步回到家中，癱坐在沙發上，他發現房子突然變得特別狹小，妻子似乎也成了陌生人，他開始變得沉默寡

言，經常看著天空發呆，忽然覺得自己沒機會了，什麼金錢，什麼創業，什麼地位，這一切都沒有意義了。後來這位醫生再見到他時，他絕望地說：「早點領悟知足該多好，貪心毀了我。」

其實，生命中有很多我們不能承受之重。什麼是可憐？關於這一點，並沒有一個衡量標準。幸福也是一樣，幸福就像一條橡皮筋，我們的欲望愈大，橡皮筋的尺寸就愈大。假設我們渴望得愈來愈多，這條橡皮筋就永遠都沒有限度。對於一個知足的人來說，就算偶爾食不果腹，也能從覓食的過程中找到快樂。但對於貪婪的人來說，就算家財萬貫，他也還會妄想著遠處的礦山。

我非常喜歡的德國哲學家叔本華（Arthur Schopenhauer）曾說過：「人們很少想到他們擁有些什麼，但是卻常常想到比別人少了些什麼。」

人一生要追求的東西太多，何時才是盡頭？想要生活過得輕鬆、自在，就要學會知足。假如我們一直不滿足於現狀，一味地追求那些虛無縹緲的物質，只會讓人身心俱疲。

一場大地震後，在新聞上曾看到一段採訪：一名中年男人在廢墟下等待了八天之後，終於被救出來了。後來有記者採訪他：「你從這次死亡之旅中收穫了什麼？」他面帶微笑，緩緩說道：「當你和死神擦肩而過之後，渴了有水喝，餓了有飯吃，睏了就有床睡，是一件非常幸福的事情。」

　　是啊！幸福不是擁有得愈來愈多，而是懂得享受當下的一切。當我們感激我們得到的一切時，我們就是幸福的。

　　我有一個同學，他們是四十多年前來到這個小鎮上，並在鎮上開了一家小商店，當時他的父親已經年近花甲了。由於他父親待人熱情，為人和善，鎮上的居民都喜歡到這小店買東西，因此，他的小店一直生意興隆。

　　隨著時間的推移，小店的規模逐漸擴大，商品的種類也愈多元、豐富，當然顧客也愈來愈多。但是老父親依然固執地堅持用以前的記帳方式，以致帳目經常出錯。大家都勸老闆買一臺電子收銀機，可他就是不願意。

　　有一次，我的同學翻著父親厚厚的帳本，看著密密麻麻的數字，他非常心疼，問父親：「爸爸，你還是改一下記帳的方法吧！帳目紀錄清楚一點，才不會虧本呀！」

　　父親聽了他的話，笑了笑：「帳目不用算，即使記得不清楚，我心裡也有數。」同學聽完依舊一頭霧水：「那您平時怎麼知道賺了多少錢呢？」

　　父親說：「小時候我的生活非常艱苦，住在農村只能自給自足。我的父親，也就是你爺爺去世的時候，只給我留下了一雙黑布鞋和一件藍色長褲。長大後，我就離開了農村來到這個鎮上。我努力工作養活自己，終於存夠了錢也開了這家小商店，後來和你媽媽結婚，接著有了你和你妹妹。和我小時候相比，

現在的生活已經好了無數倍，我很滿足。因此，我的利潤很簡單，我現在的一切，減去當年老父親留下的黑布鞋和藍色長褲，不論收入是多少，我都賺到了。」

聽了父親的話，他的眼睛有點溼潤，臉上卻洋溢著開心的笑容，那一刻，他終於明白了，幸福其實很簡單，就是滿足於當下的生活。

實際上，生活就是個不斷充實自我的過程。回首自己走過的路，不僅僅是得失輸贏，沿途美好的風景也是一種收穫。我們不應該放寬心好好享受這一路的燦爛嗎？可是偏偏有人把美好的時光放在追求榮華富貴上。

拿破崙用一生征服了歐洲大部分領土，擁有著至高無上的權力，以及花不完的財富，然而他卻感嘆這一生沒有一天過得幸福。海倫‧凱勒（Helen Keller）雖然失明失聰，但她總是以微笑面對一切，寫下《假如給我三天光明》（*Three Days to See*）一書，至今仍激勵著人們努力前進。

因此，我們的心境如何，決定我們是否幸福。我們有太多幸福的理由，例如趕上公車又剛好有座位、今天早上買的包子比昨天好吃、終於搶到返鄉的火車票，甚至僅僅是因為今天天氣很好等等。只要我們稍降低幸福的標準，丟掉心中的包袱，必定會柳暗花明又一村。

「知足者常樂，心寬福自來」，當你將幸福的標準定在自己

踮起腳就可以觸著的地方，那你的福氣就真的到來了。

俗話說「人心不足蛇吞象」，欲望誰都有，但我們應該放下內心的欲望，懂得滿足，這不僅是一種時尚，也是一種生活方式，讓人感受到最純粹的幸福。「人生苦短，及時行樂」，多少人把自己幸福的一生，葬送在了貪、嗔、痴、慢、疑之中。因此，我們可以學習以下的方式來為自己贏得幸福。

一、用淡泊的心態對待生活

我們大部分煩惱不是因為擁有得太少，而是想要得太多。莊子曰：「其嗜慾深者，其天機淺。」意思就是，一個人的欲望太大，他的智慧和靈性就會減少。因此，我們要減少思慮，用平淡的心境面對生活。但是，平淡生活並不代表安於現狀，不求進取。而是要用平淡的心態面對人生。

二、控制自己的欲望和虛榮心

「儉樸生活」並不是讓人過苦行僧般的生活，而是讓人在物質上不要有太高的欲望。儉樸的生活能讓人的內心感到十分充實。在這個利慾薰心的社會中，我們應該學會控制自己的欲望和虛榮心，才能得到真正的幸福。

三、珍惜當下擁有的一切

每當有人抱怨自己生活不如意時，我們總愛說他們是「身在福中不知福」。不管是富可敵國的富人，還是清貧度日的窮人，

都能夠看到每天的日出、日落，其實就是一種福氣了。世界這麼大，一定有人過得比我們更辛苦，我們要珍惜既有的福氣，不要浪費任何一份福氣，人生才會變得有意義。

所謂的不幸，是你看輕了自己

二次世界大戰後，受經濟危機的影響，日本的失業人數劇增，工廠經營也很不景氣。一家瀕臨倒閉的食品公司為了起死回生，決定對三種人進行裁員：一是清潔工，二是司機，三是無任何技術的倉管人員。

經理在找他們做離職面談時，鄭重地把裁員意圖清楚向他們說明。清潔工義正詞嚴地說：「我們很重要，如果沒有我們打掃環境，就沒有清潔舒適、井然有序的工作環境；如果沒有我們，這些食品豈不要被流浪街頭的乞丐偷光！」

經理聽後，覺得他們說的話很有道理，權衡再三決定不裁員了，同時重新制定了管理策略。

第二天上班時，大家看到經理在工廠門上懸掛了一塊大匾額，上面刻著：「我很重要。」

從那以後，員工們進廠後第一眼看到的便是「我很重要」這幾個字。每個員工看到這塊匾額時，都認為主管很重視他們，所以大家都十分賣力的工作，簡單的一句話激勵了全體員工的

積極性。幾年後這家公司迅速崛起，成為日本有名的公司之一。

我們只有「看清自己」，才能夠「不看輕自己」。學會從心理上接受不幸和失敗，我們才能更加主動地創造出屬於自己的幸福心態。

在追求幸福的道路上，一直以來多數人致力於消除痛苦、避免失敗。然而，痛苦和失敗是客觀存在的，它們並不會因為我們的排斥就自動消失，也不會因為我們的努力就不來找麻煩。

一個人無論條件多麼優秀、能力多麼卓越，都無法徹底杜絕痛苦和失敗。如果我們從心理上將幸福定義為沒有不幸和失敗，並且一直努力去做這本不可能做到的事情，那麼我們就會不斷地遭遇挫折，並造成深深的無力感，沉溺於各種負面情緒之中，離幸福愈來愈遠。

這麼多年來，我一直致力於幸福之道的研究，並從中學會了調整自身積極的心理能量，盡可能地減少生命中那些可以避免的不幸和失敗，但不會拒絕不幸和失敗。我能夠積極地看待並處理痛苦和失敗，進而為自己創造出幸福的心態。

面對不幸和失敗，我們所該想的不是如何讓它們消失，因為不是它們讓自己失去了什麼，而是它們讓自己獲得了什麼，進而感受痛苦和失敗中所蘊含的幸福，體會苦境中的甜滋味。

我有一位朋友，他不是那種社會大眾認可的成功人士，但他卻是個非常積極進取的人，他從來不懷疑自己是個幸福的

人，雖然他只是一個小小的公司員工。他說：「我並不是大人物，可是那又有什麼關係呢？我有能力養活自己，並且每天為許多同事提供幫助，我是被需要的，我沒有必要因為自己是個小員工就否定自己。」

有一天，他面臨了許多人一生都不會遭遇的不幸。他在下班的路上，被持刀搶劫的歹徒刺成重傷，整整在死亡邊緣掙扎奮鬥了十個小時，才被搶救過來，經過兩個月的用心治療後才出院。

我去醫院看望他，問道：「你還好嗎？」

他笑著回答：「是的，我非常好，就如你所看到的一樣，雖然身上多了幾條傷疤。你想看看我的傷疤嗎？它們有點嚇人……」

我看了他的刀疤後，可以猜想當時他一定受了非常嚴重的傷，我問道：「事情發生當下你還有意識嗎？你當時想了些什麼呢？一定恨死那些歹徒了吧？」

「我慶幸自己還活著。你知道嗎？那些醫護人員非常好，只要我睜開眼，他們就一直告訴我，一定會復原的。雖然我從他們的眼裡看出『他是個死人』的訊息。我想一定要讓他們把我當成活人而不是死人。於是，當我聽到護士隨口問醫生『還要做皮膚過敏檢查嗎』，當時我用盡全身力氣回答『當然』。這時，所有的醫護人員都吃驚地看著我，我努力地牽動嘴角笑著說：『請把我當個活人來醫，而不是死人。』後來，他們真的將我當成活人來醫了。」

在許多人看來，或許我的朋友在工作上沒什麼「志氣」，但不可否認，他的確是個幸福的人，即使他比許多人的成就都小，即使他遭遇了如此重大的不幸。

而朋友之所以能夠讓幸福感長縈心間，就是因為他接受了挫敗、痛苦、不幸這些客觀存在，即使身處其中，他也能調整心態，以樂觀、幽默等積極的心理能量來營造幸福的心境。

幸福不應拒絕不幸和失敗，因為我們愈是拒絕它們，就愈是難以享受幸福，愈是承認它們是客觀存在的事實，就愈能輕鬆地應對，愈能調整積極的心理能量去營造幸福的心境。

愛迪生（Thomas Edison）曾經說過：「失敗也是我需要的，它與成功一樣對我都具有其價值。」我們為什麼總是以排斥的心理來對待不幸和失敗呢？從深層角度來說，這樣堅決地拒絕不幸和失敗，實際上是一種消極逃避。為什麼不正視它，承認它的存在，看到它對我們帶來的成長，進而調整積極的心理能量去超越它、營造幸福呢？這會更有利於我們幸福。具體來說，我們可以透過下面的方式來幫助我們正視「不幸和失敗」。

一、不要看輕自己，坦然接受失敗

每一個人的成功和幸福都是經歷數次失敗和不幸而換來的，如果我們一遇到失敗和不幸，就對自己失去信心，認為自己這也不行，那也不行，導致自己自暴自棄，那麼我們可能終其一生也感覺不到幸福的滋味。所以，不管什麼時候，都不要

看輕自己，而是坦然地接受失敗和不幸，理解失敗、不幸與幸福之間並無矛盾。我們要從失敗中累積經驗，進而獲得成功、暢享幸福。

二、相信自己，讓內心充滿勇氣

我們想要獲得幸福，就要讓我們的內心充滿勇氣，這樣我們才會去面對可能的失敗和不幸。在此，需要提醒大家的是，我所謂的讓內心充滿勇氣，並不是要大家不要恐懼，而是要相信自己，即使偶爾心懷恐懼，仍然可以大步向前邁進。

學會微笑，幸福就來了

很多年前，我和表妹回老家，在大街上碰到以前的兩個鄰居：

第一個鄰居以做資源回收為生，他騎的電動三輪車上坐著善良溫厚的妻子，兩人的互動不是你說我聽，就是你講我和，那談笑風生的一幕，在外人看來很平常，他們在與我們熱情地打過招呼後，就繼續地向住家前去；接著，我們遇到了另一個鄰居，這個鄰居是個精明的商人，賺了不少錢，他開著一輛賓士，副駕駛座坐著打扮亮麗、品味時尚的女友。在看到我們後，他就搖下車窗，居高臨下地向我們點頭示意，算是打招呼，而他身旁的女友則是一臉高傲地把頭扭向一旁。

他們離去後，表妹不無羨慕地說：「一樣都是人，但人和人真的不一樣啊！你看有錢人的女友，不僅長得漂亮，穿著打扮全身名牌。而那個做資源回收的老婆，簡直就無法比較啊！」

我問她：「你覺得是電動三輪車上的夫妻兩個人幸福，還是賓士車裡的情侶幸福？」

表妹想也不想地說：「這還用問，當然是賓士車上的那對情侶幸福了。人生在世如此短暫，有時受苦並不一定能換來幸福。」

我說道：「我倒認為騎電動三輪車的夫妻比較幸福。」

看著表妹驚訝的眼神，我接著說：「一個人的幸福，不是看他的外在，而是看他們臉上的笑容就知道了。」

表妹說：「雖然電動三輪車上的夫婦笑得那麼燦爛，賓士車上的情侶好像剛吵過架，一臉不開心，但我覺得坐電動三輪車的夫妻幸福不會長久。」

我當時笑了笑，沒有反駁表妹。

前幾天，表妹來我家作客，閒談中說到當初開賓士的鄰居破產了，負債累累，房子和車子都沒有了，才幾年的時間離了四次婚，現在一個人租著簡陋的套房，四處打零工過日子。而做資源回收的鄰居，兩個孩子都考上了大學，且在市區買了兩戶房子，他們仍騎著那輛舊的電動三輪車，還是那麼快樂！

表妹問我：「我想起多年前，你說做資源回收的鄰居是幸福

的。你是怎麼預測出來的？」

　　我笑著說：「我可沒有特異功能會預測未來，只是我覺得每個人的幸福感是一樣的。如果硬是要給出一個答案，那就是，我覺得做資源回收的那對夫婦幸福感會更強烈一些，因為他們的要求不高。他們開朗的笑聲，就是對幸福最好的詮釋。」

　　一個人是否幸福，與財富、地位、能力、權力並沒有關係，幸福在於心境。

　　根據心理學家的研究，一件事帶給人的反應或刺激會持續一段時間，在這段時間裡我們對這件事的情緒也不會馬上消失，只是隨著時間的推移慢慢減弱。這種具有持續性且有強弱的情緒狀態，就是心境。

　　或許我這樣解釋，多數讀者仍然不能理解「心境」的意義。通俗地說，心境和心態差不多，快樂、高興的心境會讓我們感覺幸福，成為「事事如意」的幸運兒；痛苦、憂鬱的心境會使我們傷心，彷彿我們的一切都很「倒楣」。

　　有位朋友向我講述了她一天不幸的遭遇：

　　早晨睡過頭了，急忙地盥洗完，還沒來得及吃早飯，便拿著外套飛奔下樓趕公車。結果跑得太急，一不小心把腳扭了。她心裡開始抱怨，都怪自己昨天睡晚了，完全沒有想起昨晚和朋友聚餐時的快樂心情。

　　當她走進公車站時，剛好她要搭的公車已經開走，下一班

還要再等十分鐘，她氣急敗壞的覺得自己是這個世界上最倒楣的人。事實上，下一輛公車只過了五分鐘就來了。

「倒楣」的事情還沒有結束，在公車上，由於司機緊急煞車，讓她後面的女孩踩了她的腳。她終於忍無可忍，毫不留情地大聲斥責女孩，完全不管女孩已經不停地道歉。

她帶著這樣倒楣的心情進到公司，見誰都沒有露出笑臉，工作效率也大大降低，快到下班前又被經理斥責了一頓。

「我怎麼這麼倒楣，我的幸福究竟在哪裡？」

她的生活真的如此「倒楣」嗎？當然不是。在我看來，她之所以不幸福，是因為她的心態出了問題，她把自己遭遇的情況放大了數倍。在她看來，扭傷腳、沒趕上公車是天意，被踩了腳是別人故意與她作對，而被主管斥責更是雪上加霜的「倒楣」。

究其原因，這一切都是她的糟糕心境所造成。如果在她扭腳的時候，她能給自己一個積極的心理暗示，告訴自己：「這是上天跟我開了一個玩笑。」如果在被踩到腳時，她能感受到別人的誠摯歉意；如果上班的時候她能專注於工作，不介意那些雞毛蒜皮的小事……其實，幸福在於心境。如果我們每天想到的、看到的都是負能量，我們又怎能幸福？即使身處黑暗，只要我們在心中營造一抹月光，它也能照亮屬於我們的整個世界，讓我們幸福起來。

所以，我想說的是，幸福不是一件遙不可及的事，它就只

是一種心境，當我們覺得自己幸福的時候，幸福就來了。

　　法國著名文學家雨果（Victor Hugo）說：「笑，就是陽光，它能抹去人們臉上的寒冷冬色。」我們心是幸福樂觀的，那我們的人生就是幸福樂觀的。倘若我們的心是消極封閉，那我們就進了心的囚籠。正所謂：兩個人同時看窗外，一個人看到了天上的星星，另一個人只看到了窗外的汙泥。那麼，如何做到有一種幸福樂觀的心境呢？可以從以下幾點來做：

一、切勿苛求，一切順其自然

　　我們不妨把人生的每一刻都當作一個新起點，坦然接受無法改變的一切，並用心去發現它的美好。大樹有大樹的風采，小草也有小草的可愛。人生不是比賽，不必拿自己的境遇和任何人比較，而成功和幸福都沒有一定的標準。如果我們能夠順其自然地去接受一切，相信很快地，我們就能將生活的一切走向掌握在自己手裡。

二、積極的暗示，帶來積極的心境

　　暗示有著非常大的影響力，要想讓自己的心境變得積極，那麼就應該用那些具鼓勵性的話來激勵自己。例如每天上班前可以對自己說：「我是不可替代的、我一定是最棒的、我今天的工作會很順利……」當你每天用這些話激勵自己的時候，你的心境就會在不知不覺中變得愈來愈好，也就更容易感到滿滿的幸福。

三、守住心靈的寧靜、淡泊與自由

　　一位心理學家說：「一個人要想獲得幸福的心境，最好的方法就是守住心靈的寧靜、淡泊與自由。」我完全認同他所說的。唯有「寧靜」才能「致遠」，只有心平氣和、踏踏實實地走好人生的每一步，才有可能使自己走得更遠。

幸福像鬼神，你信就有

　　我經常把幸福比作是鬼神，你信它，它就存在著。一個相信幸福存在的人，他的幸福指數是高的。

　　對於擁有超強幸福能力的人來說，我們會說他幸福指數很高；對於那些很難獲得幸福感的人，我們會說他是一個幸福指數極低的人。這說明是否能感到幸福，取決於你自己的信心。如果你很少感到幸福，那麼你需要樹立幸福的信念。

　　信念的力量是偉大的，它支持著人們生活，催促著人們奮鬥，推動著人們進步，正是「堅強的信念」創造了世界上一個又一個的奇蹟。當我們設定了幸福的標準，我們就要樹立十足的信心，甚至可以假想自己馬上就要獲得幸福，這會讓你的生活充滿希望和力量。這種發自內心「相信」的力量是非常強大的。

　　說到信念，曾經有這樣一個故事：

　　有一群在森林遊玩的小孩子迷了路，在潮溼、飢餓中度過

了恐怖的一夜，他們無望地放聲大哭：「大人永遠也找不到我們了！」一個孩子絕望地哭泣著說：「我們會死在這裡啦！」

然而，這群迷路的孩子中，有一位叫亮亮的女孩才 11 歲。此時，她站了出來，說道：「我不想死！」她堅定地說：「我記得爸爸曾說過，只要沿著小溪走，小溪會把我們帶到一條較大的河流，最後一定會遇到一個小鄉鎮。」結果，這群孩子就在亮亮的帶領下，順利地穿出森林。

也許你會認為，像亮亮這樣的孩子生來就有天賦，雖然她的天賦得益於父親後天的生存教育。但因為亮亮內心執著地相信爸爸所告誡的方法，所以在她的帶領下，同伴們都得以順利地走出森林。

這就是「相信」所帶來的力量。同樣的，我們有多麼相信幸福，屬於我們的幸福就有多大。

相信自己會幸福，我們就會發現幸福。就算生活中仍有一些小小不如意，我們同樣能夠發現幸福、感受幸福。

我的一個閨密，一個人在外地工作多年，雖然有些孤單但薪資卻是別人的數倍。去年她女兒即將面臨升學，為了孩子的未來，她決定放棄高薪工作而回老家。一方面是多年工作有了積蓄，家境也算富裕，另一方面也渴望一家人可以團聚，在返鄉前她覺得自己的幸福感十足。

然而，就在她返鄉不到一個月，開始向朋友抱怨，一方面

是家鄉的工作薪資低，另一方面受不了一家人團聚的喧鬧生活。收入降低是預料中的事情，但家庭的不和諧卻是她沒有想到的。首先說她丈夫，有很多生活習慣讓她無法忍受，例如成天抽菸、說話大嗓門、不做家事、愛嘮叨；另外女兒也不貼心，成天跟她頂嘴。她哭訴道：「自己在外地忙碌工作多年，而這個家竟然讓我有些回不去了。」

她原本以為自己漂泊多年，回到家裡可以感受到家的溫馨，女兒乖巧、丈夫體貼、生活安逸。誰知⋯⋯，難不成她還要再次背上行囊獨自生活、孤單奮鬥嗎？

我用社群軟體回了一則訊息給她，沒有安慰她、沒有對她的反應做出任何的憐惜，而是鼓勵她應該相信自己返鄉的決定，相信她一定可以過上幸福的生活。

我在訊息中對她說：「在我的眼中，你總是那麼樂觀、自信，我看著你一步步地實現了自己的幸福。我非常支持你返鄉生活、工作，現在你有丈夫的陪伴，你可以每天看著女兒的成長，還可以抽空看望照顧年老的父母。親愛的，你回去不到一個月就輕鬆找到了不錯的工作，我相信不用多久，你們一家人經過磨合後，一定可以生活得更和諧、更幸福。你怎麼會感覺不到幸福的來臨呢？」

她看到我的訊息後，立刻頓悟了。此後，她調整心態去理解、包容家人，相信屬於自己的幸福一定會到來。

在這種心理的影響下，她看見丈夫慢慢地改變了一些生活習慣；女兒雖然有些調皮，但愈來愈愛跟她黏在一起了；每次回娘家，父母都顯得特別開心；週末閒暇之餘一家三口去郊外踏青、運動，丈夫背著攝影機跑前跑後的，她感到自己被需要、被認可，終於感受到自己是個幸福的人。

幸福，需要你去相信，需要你去信任，它拒絕你的質疑、焦慮、擔憂。所有幸福的人都不曾懷疑過幸福，他們始終用相信幸福的積極心態，努力把幸福轉變為現實；而那些懷疑幸福的人，因為懷疑所以消極，繼而放棄，最後導致失敗。

心動則行動，相信是開啟幸福的一種魔法。站在相信的一面，你看到的是成功、幸福、快樂；站在懷疑的那一面，你看到的是消極、痛苦、煎熬。因此，從此刻開始跟我一樣相信幸福吧！當然，我們想要相信幸福，也有一些技巧需要練習。

一、利用外在環境來暗示自己

人的情緒和心理狀態或多或少都會受到外在環境的影響，因此，從某種程度上來說，能否好好利用外在環境也就意味著是否已經學會了積極的心理暗示。例如利用聲、光、色、影來進行積極的自我暗示。

當你感到不幸福的時候就不要聽哀怨的音樂，而該選一些輕鬆舒緩的音樂。例如當感到不幸福的時候，可以選擇聽貝多芬（Ludwig Beethoven）的第五號交響曲《命運》（*Fate Sympho-*

ny）等，這樣就會給自己帶來無窮的力量。

當你感到沮喪的時候，不妨回憶以往成功的經歷來重新激勵自己、告訴自己：「曾經的成功經歷，證明我有能力和實力，可以再次成功。」這時，你的信心就會大增。

二、利用動作進行自我暗示

我有一個小技巧，當我因講課感到緊張時就會做深呼吸，心情煩躁時就會去散步。這種方法使我的情緒和生活都有了很大的改變。所以當你感到不幸福時，不妨打開窗戶看看外面的景色，或者到公園裡散散步，放鬆一下、轉換一下心情。

「面具」傷身又傷心，學會接受真實的自己

我有一個朋友，她個子不高，長相極為普通，在其他方面也沒有什麼優秀之處，走在人群中還隨時會被「淹沒」。不論是在同學、同事還是家庭聚會中，她常感覺自己就像村上春樹小說中的人物一樣，似乎沒有人會留意到她的存在。同樣去請求他人幫忙，美女出場總是一路順暢，而自己卻困難重重，她覺得自己就像一隻微不足道、毫不起眼的醜小鴨，生活得特別苟且。她變得愈來愈自卑，由自卑變自閉，甚至到了對生活失去信心、開始厭世。

有一天，我剛好經過她家附近，便約她出來一起喝杯咖

啡。我們在一起聊天時，發現她鬱鬱寡歡，我便講了一個笑話。她聽著聽著，原本陰鬱的表情變得輕鬆明媚。她嘴角微微上揚，眼睛炯炯有神地看著我，我看著她的眼眸閃閃發亮，或許是許久沒有這麼開心了，美麗的笑容就像盛開在她臉上的花朵。如此迷人的笑容讓我感動了，我不由得讚美她說：「你剛才的笑容特別美，我都被你迷住了。」

接著，我繼續對她說：「如果仔細觀察，你會發現每個人都是不完美的；如果你再用心觀察，再平凡的人也有發光的部分。剛才你的笑容讓你變得光芒四射，我相信你的身上還有很多美好的部分等待著你去發現。」

她聽後，認同了我這個推心置腹的提議，決定去挖掘自己身上的寶藏，學習欣賞自己。最後，她不僅接受了自己，還喜歡上了自己，因為擁有自信，她竟然奇蹟般地創業成功，現在她旗下的連鎖店也逐年擴增，並且經營有方年年獲利。

我們生活中有很多像我這位朋友的人，他們自尊心強、敏感焦慮，平時跟人相處時總是戴著面具，從表面看起來，他們生性低調內向不喜歡譁眾取寵。但其實他們內心也希望被人們認可、受人矚目，但同時他們又糾結於自身的不足，擔心被人看輕，因為缺乏自信，所以他們小心翼翼、唯唯諾諾的生活著，在成功的期盼和失敗的恐慌中，一次次否定自己、封閉自己，因為過於緊張甚至影響正常的人際社交活動。

　　因為自卑，人們總是過低地評價自己、對自己有很多的不滿意。不同的人有不同的自省能力，不論是過高或過低的評價，都會影響到自我的發展。世界上最了解你的人只能是你自己，我們不妨靜下心來，認清自己，對自己做出一個客觀、正確的評價，然後卸下面具，接受眞實的自己。

　　有些不完美是我們無力改變的。例如我們的面貌和我們的家庭背景：個子矮、身形胖、單眼皮、塌鼻梁、招風耳、生來殘缺等，儘管有很多人不惜透過整形、美容、極端減肥來掩蓋這些身體的不完美，況且很多微整形並不能確保百分之百的成功，只是為了漂亮的外型大可不必去冒這樣的風險，人若失去了健康，空有美麗的外殼又有何用？

　　在現今的社會中，放眼望去滿街的美女、帥哥，想要在人群中靠顏值脫穎而出，相形之下顯得更加困難，所以我們不必過於在意自己的外型，而是要著眼於自我內在的昇華。

　　我非常喜歡《阿甘正傳》（Forrest Gump）這部電影：

　　主角阿甘因智商只有 75 分，不得不進入特殊學校。放學時，為了要躲避同學的追打，經常一路狂奔回家，因而練就一身好腳力，後來竟成為美式足球健將、當兵時又意外成為越戰英雄、領了政府頒發的獎金後莫名的買了艘破漁船，當起了船長賺得滿缽滿盆，又意外開始了漫長的跑步竟也跑遍了全美國。他以先天不足的殘缺身軀，卻達到了許多智力健全的人終

其一生也難以達到的成就。

阿甘在電影劇終時說道：「人生就像一盒各式各樣的巧克力，你永遠不知道你會吃到什麼口味。」

我們每個人的生命歷程都是獨一無二的，認識自己、接受自己，然後努力成就自己。如果世界不接納我們，那一定是因為我們的高度不夠。努力去豐富自己，增加自己的高度。總有一天，我們也可以站在舞臺中央綻放光芒。最重要的是正確地認識自己並且接受自己。

一個人必須要正確、清楚地認識自己，然後樂觀地看待自己。有了這種積極樂觀的心理暗示，你就能成為一個發光體、一個超強的磁場，這樣的能量足以讓你從容地面對人生路上的風風雨雨。所以，我們要學會看自己的長處，不時為自己打氣，為自己加油。關於如何接受真實的自己，有以下三個建議：

一、多交友，交益友

「近朱者赤，近墨者黑」。盡可能地利用環境改變自己，多交一些性情開朗、積極上進、樂觀豁達等良好品格的人。在這樣的交友圈裡，你能夠發現、汲取他人的長處，體驗到生活不同面向的樂趣，開啟自己的多元思維，拓寬自己的視野。眾多的益友不僅可以豐富你的生活，愉悅你的身心，還能使你遠離自卑，提高自信。

二、增加成功經驗

當我們遇到失敗時，要懂得及時設停損點、清空、翻篇，不要讓失敗的負面情緒影響你的新生活。首先肯定自己的優勢，將自信融入你前進的動力中，接著用很多小小的成功來持續累積自信，當這種積少成多的成功和自信累積到一定程度時，你不僅可以完全擺脫自卑，還擁有了自信，成功也就會隨之而來。

三、學會深層的冥想法

這是我經常使用的方法，每當我感到緊張的時候，就會配合腹式呼吸，集中精神想想自己的長處，便可在不經意間消弭自卑的心理。例如每天出門前對著鏡子裡的自己說：「我是最棒的！沒有什麼事可以難倒我，別人可以，我也一定可以！」等等。

未來只有明天和意外，請活在當下

我大學剛畢業時，由於一時之間找不到合適的工作，曾經在一家小公司兼差過，也曾和幾個朋友一起擺地攤、開小店。總之，日子過得很糟糕。

當時，看到同學們都有了穩定的工作，他們前途一片明朗。唯有我，沒有明天，沒有未來。那時候，我感到萬分沮

喪，經常一個人窩在租來的小房間裡默默流淚，不敢想明天、想以後，有時會在孤寂的黑暗裡輾轉難眠，儘管日子過得如此不堪，我仍然要在受了莫名的委屈之後，忍著悲傷向家人報平安，說自己在外工作一切都好……每次掛上電話，我眼淚便會不爭氣的掉下來。

有一次，我因為淋雨而發高燒，一個人躺在一個簡陋的小房間裡，昏暗潮溼的天花板上還滴著水。一想到身邊沒有一個人關心我，當下我心中的悲涼和失落感幾乎讓我無法承受。突然覺得命運特別喜歡跟我作對，一次次讓我承受著突如其來的變故，總不給我想要的生活。

或許是一次次無奈的承受，終於讓我明白自己現在的力量還太薄弱，我必須腳踏實地去累積，只有自己強大了才能保護自己。正是那一次次的困境，讓我明白人生本來就不可預測，我必須活在當下，讓自己度過的每一刻不留遺憾；正是那一次次的掙扎，讓我懂得如何走向目標，面對各種狀況從容淡定，漸漸成為一個有閱歷和經驗的人。

更實際一點地說，如果沒有以前所受的苦，我或許不能像今天一樣，把自己過往的經歷和感悟整理成書；若沒有這些經歷，也毫無感悟，生活如同一杯白開水，又有什麼好講的呢？

一個人只有活在當下，才是最快樂和幸福的。我們大多數人用 46.9％的時間去胡思亂想，而且這段時間最不快樂，即使

想的是愉快的事，也容易讓人陷入傷感、哀傷等負面情緒中。例如人們很容易用曾經的快樂與現在的平淡比較，並因此而哀傷。

也就是說，如果我們能夠調整自己的心理，讓自己活在當下，我們的幸福感會大幅提升。活在當下是一種積極的、能帶給我們幸福的心理力量。遺憾的是，人們總是因為這樣或者那樣的種種原因，而使這種力量沉睡，因而感到不幸福，感到痛苦、憂慮、哀傷。

一般來說，我們大多數人都覺得自己的幸福是在過去或者未來，而不是在當下。顯然認為幸福已經過去的人，往往經歷過什麼變故，一時難以接受極大的落差。然而這一切都只是暫時的。人都有適應環境的心理本能，無論再怎樣痛苦，這種本能都能將人治癒。

我的一位朋友，曾經有一段時間因一位生命中至親的逝去而非常痛苦，她感覺過去在一起的幸福時光再也不可能拾回了，她甚至覺得沒有活下去的動力。為此，她向我請求幫助。

我告訴她：「其實，現在任何人說什麼，對你的幫助都是非常有限的，但是你一定會從傷痛中痊癒，無論現在這痛苦和悲傷有多麼強烈。隨著時間的流逝，適應環境的心理本能會發揮出它的影響力。」

後來，她用了很長的時間來適應失去至親的生活，漸漸平

復了悲傷，生活的動力也逐日恢復了。而她曾經以為的「幸福已逝」只不過是當時的短暫想法，現在的她依然幸福。

適應性是人的本能。這種本能能夠幫助人們走出痛苦，平復哀傷。但是，它也會讓我們對當下的幸福視而不見。因為太過熟悉，所以習以為常，不再放在心上，時常忽視。

例如我們每天都與家人在一起，不停接受他們的關愛，但因為這是稀鬆平常的事，便不覺得這是一種莫大的幸福。直到有一天，基於某種原因而須獨自漂泊異鄉或單獨生活時，我們才意識到與家人相處生活是一種多麼大的幸福。只是當時自己所期望的往往是另外一種幸福，例如事業有所成就，追求到自己喜歡的人等。

人就是這樣，因為太過熟悉、適應，而忽略了當下的幸福，卻總是在想過去、想未來之中蹉跎了當下的幸福。渴望幸福的我們，需要讓自己活在當下。當然，這並不是一件容易的事。

珍惜當下、活在當下，是感受到最真實幸福的前提。那麼，我們是否在日常生活中做到這一點了呢？珍惜自己的父母、另一半、孩子，珍惜照在自己身上的陽光……當我們學會了珍惜身邊的點點滴滴，就懂得品味它們、欣賞它們、關注它們，同時覺醒到當下的能力也會一點一點被喚醒。

以下為大家提供兩個追求幸福的方法：

一、品味當下，減少陷入對未來或過去的思緒中

所謂品味，就是為欣賞或盡情享受在當下所做的任何事。也就是說，當你在喝一杯咖啡時，別去拿它跟以往的咖啡比較，認為這杯咖啡沒有你曾經喝過的香醇，也別設定另一目標 —— 明天我要喝杯更香濃可口的咖啡，你只需要享受當下 —— 咖啡廳裡悠揚的音樂、舒適乾淨的環境、欣賞窗外的落日夕陽、享受這難得的片刻休息時光……這一切真是美極了，令置身其中的你感到寧靜而幸福。

二、關注自我呼吸，培養關注當下的心理習慣

將注意力集中到自己當下的感覺，能夠幫助人們平和心境，抵擋不良的負面情緒。對於喚醒活在當下的心理能量來說，沒有比關注自己的呼吸更好、更簡單的方法了。呼吸是與我們時刻相伴的，因此關注呼吸能夠有效地幫助我們轉移負面情緒，而將自己的精神集中於當下。雖然這需要我們刻意地練習來達到，雖然能夠維持的時間並不長，但是經常這樣練習有利於讓潛意識形成關注當下的心理習慣。

放下過去，因為再美好的往事也消耗了你的時光

在生活中，我常常聽身邊的人說：「早知道這樣……，當初我就不會……」，每當此時，我都會反問一句：「既然你不知道，

又怎麼做選擇。難道我們有超能力會預測未來？」

那些放不下過去的人，即使幸福來了，也是抓不住的。一個幸福的人，都是向前看的，因為他們明白，不管是美好的過去，還是不堪回首的往事，若繼續執著、糾結下去，都將會消耗你寶貴的時光，讓你沉淪下去。

我有兩個朋友：一個經常和一群朋友在酒吧中酗酒，另一個則在家對著一張照片喝悶酒。

在家對著照片喝悶酒的朋友是因為錯過了深愛的女人，眼睜睜地看著她嫁給別人，所以他很痛苦；在酒吧裡酗酒的朋友是因為他雖然和自己當時深愛的女人結婚了，可是婚後的個性差異漸漸暴露，兩人經常吵架，日子過得很痛苦。

每次見到他們，他們都會對我說同樣一句話：「如果上天再給我一次機會，就一定不會是今天這個樣子。」

可是，就算回到「當初」，他們真的能做出相反的選擇嗎？就算是又能怎樣，不管選擇是什麼，還是會發生摩擦和爭執的。

也許選擇另外一種方式，就不會有今天這種煩惱，但還是會出現其他的煩惱。我們在遇到困難和不幸的時候，會懊悔當初的做法，但如果沒有當初，怎麼會有我們的現在？

我們現在浪費時間去後悔當初做的決定，結果錯過了現在應該做的事情，難道以後我們又要花時間悔恨今天的過錯嗎？

我認為正確的做法應該是，要積極的想「現在我應該做什

麼？」而不是「當初我真不應該這麼做。」汲取前車之鑑，我們將會獲得更多。

有一次，我在電梯裡聽到一位男孩對女孩說：「你今天能有這樣的工作成就，真應該好好感謝之前提拔你的主管。」

女孩回答：「每個人都應該感謝過去的經歷，沒有實際經驗的累積，哪有現在的成功。」

我真想為這個女孩鼓掌。很多人的不快樂，並不是因為「過去」沒有好好把握，而是源於自己沒有好好把握「現在」，沒有真切地領悟過去美好的真諦，這樣的人，哪怕真給了他重新選擇的機會，他一樣不會珍惜。所以最重要的就是好好把握當下，過去再美好也已成為過去，再也回不來了，把當下過好，就是最明智的選擇。

一位經歷坎坷的朋友，曾經對她的丈夫說：「你要是知道我過去是什麼樣子，一定不會娶我的。」

她的丈夫回答：「你說錯了，我要感謝你的過去，正因為有過去的經歷，才造就了今天的你。所以不管過去的你如何，我愛的是現在的你，沒有過去的經歷，就沒有現在的你。」

丈夫的回答讓她深受感動。

每當事情發生的時候，我們總把「如果當初……」掛在嘴邊。後悔當時為什麼不做另外一個選擇：

「如果當初我認真念書，成績就不會這麼差了。」

「如果當初我對她好一點，說不定我們的孩子都 2 歲了。」

「如果我當初聽家人的話，就不會被騙了。」

「如果當初我能勇敢出來創業，說不定房子、車子都有了。」

……

其實，「如果當初」這個假設本來就不存在。人生沒有回頭路，我們已經選擇了這條路，就無法保證另一條路的終點一定比現在好。沒有什麼事情是絕對的。

過去的都已經過去了，如果我們總是寄望於「如果當初」，就沒辦法「放眼未來」，又怎麼為將來幸福的生活努力呢？

我們要相信，時間是治癒一切的良藥。不管曾經是苟延殘喘，還是輝煌燦爛，時間都會撫平一切。所以我們實在沒有必要沉浸在往事的泥沼中而無法自拔。不論過往的功過成敗，塵封的往事就讓它安靜地沉寂吧！只有忘掉痛苦的記憶，拔掉心中的雜草，才能從心底開出最美的花。

一個人幸福的狀態就是「珍惜當下、活在現在」，這是感受到最真實幸福的前提。那麼我們要如何做到這一點呢？ 一個能夠幫助我們覺醒到當下的方法稱為「心流」。心流是一種全心全力投入於一項事情，而忘記周圍其他一切的狀態。當人們進入心流狀態時，其注意力保持得非常集中、專注。這時我們完全感覺不到時間流逝，即使好幾個小時已經過去，也不會注意到。處於心流中的我們，內心會被一種充實感占據，沒有多

餘的心思去擔憂、焦慮。而全神貫注帶來的成功會給我們成就感，強化我們內心的幸福體驗。

進入「心流」是有一定方法的，具體來說，可分三步進行：

一、設定目標

為自己設定一個具有挑戰性但不難達到的目標，這樣的目標能夠給我們一定壓力，而這種心理壓力剛好可以使我們集中精神、竭盡全力地去達成，並且不會造成心理負擔。

二、事先計畫

最好能事先制定計畫，以便自己始終清楚下一步該做什麼，這樣我們做事時便能如流水般順暢，有效防止不必要的思緒。

三、立即回饋

我們所做的事情最好能夠幫助我們直接並即時收到回饋，由於成敗一目瞭然，所以我們可以專注於調整自己的行為，進而更加全神貫注。

第四章　永不放棄，
不後悔的人生最有意義

你不堅持一下，都不知道自己有多出色

　　我的一個小學同學自幼家境富裕，30 歲以前從未受過一點苦。高中時，她覺得課業太重而中途休學了，父母透過關係幫她在知名企業裡找了一份工作，既不累、待遇也不低。

　　因為同學長得漂亮，工作也好，剛進入職場的第一年，老闆的大兒子積極的追求她，為她製造了各種浪漫，由於她曾聽說這位富二代很花心，所以她一直不為所動，但是這位富二代沒有放棄，整整三年的時間堅持送花、送禮物和各種的關心，最終贏得了她的芳心。她在 23 歲時，與這位富二代步入了婚姻的殿堂。

　　婚後一年，她的雙胞胎兒女出生，丈夫心疼她太累，就勸她辭職在家相夫教子。於是，她開始過著貴婦的生活。如果沒有後來發生的事故，那麼她會這樣平穩快樂地度過一生。

　　就在她的一雙兒女上國中時，丈夫車禍突然去世，與此同時，她聽聞一個令她更震驚的消息，丈夫在十年前就已經出軌，還和小三生下了兩個女兒。

　　丈夫去世後，小三找上門來，分去了她一半的財產。過慣了衣食無憂日子的她，在生活一連串的打擊下，有過很多次自殺的念頭，但看到一雙需要她照顧的兒女，她擦掉眼淚，咬牙堅持了下來。

　　為了賺錢維持生活，她四處找工作。讓她大受打擊的是，離開職場的她，此時發現現在的工作都需要憑本事、憑專業。沒有學歷、沒有年齡優勢的她，只好選擇從事收入不高、又髒又累的清潔工作。

　　剛開始許多人都以為她會適應不了這個體力工作，以為她沒多久就會辭職，畢竟從貴婦到清潔工，是一個極大的轉變。起初，連她自己也這樣認為。

　　出乎她意料的是，她不但堅持了下來，而且因為能力出眾，成為了部門主管。她為了能勝任管理工作，利用業餘時間繼續升學進修。五年後，40 歲的她居然成為這家公司的行銷副總，公司還配了車給她。

　　她對我說：「有時候，我們必須堅持一下，只有堅持一下才會發現自己原來這麼有潛力，才會發現自己可以很出色。」

　　最偉大的汽車業務員喬・吉拉德（Joe Girard）曾經說過：「成功的人有時候是被逼出來的。我想大多數人都會承認，他們之所以成功是因為他們堅韌不拔，不斷追求成功。」

　　生活就像跑馬拉松，只有堅持下去，才有可能贏在終點。當我們被生活逼到絕境時，我們要學會堅持。因為所有的逆境，不過都是暫時的。只願時光的道路上，能讓我們尋覓到屬於自己內心的遼闊天空，還有溫暖的精神支柱。人能活著本已不易，忘掉憂鬱的過往更不容易。我們常常拿得起，卻不容易

放得下。走的路多了，回頭發現背上的行囊也多了。直到一天
當我們被壓得喘不過氣時，那些所謂的堅持，不知不覺也就放
下了，原來自己也可以如此釋然！

　　綜觀那些成功的人士，他們的背後都有著一段很辛酸的故
事，在那些煎熬的日子裡，他們一心一意做自己喜歡的事情。
也許就是因為這些煎熬，培養出他們的堅強意志，戒除了他們
的不良習慣，激發了他們的潛力，最終才使得他們獲得成功！

　　西元 1850 年 8 月 21 日，在巴爾札克的葬禮上，雨果所致
的悼詞中有這樣的話：「在偉大的人物中間，巴爾札克是最偉
大的一個；在優秀的人物中間，巴爾札克是最優秀的一位……
可嘆啊！這位堅強的、永遠不停止奮鬥的哲學家、思想家、詩
人、天才作家。他過著風風雨雨的生活，遭逢了任何時代、一
切偉人都遭逢過的惡鬥和不幸。如今，他走了。他走出了紛擾
和痛苦。」

　　巴爾札克是舉世聞名的偉大作家，但他的一生充滿坎坷。
他在幼年時，母親長期對他冷漠無情缺少關愛。為此，巴爾
札克在回憶這段生活時，曾經說過：「我從來不知道什麼叫母
愛……，我經歷了最可怕的童年。」

　　自幼缺乏家庭溫暖的巴爾札克，並沒有因此而自暴自棄，
而是立志從事清苦的文學創作。從西元 1819 年夏天開始，他每
天都在小小閣樓裡伏案寫作。有人描述他所在的閣樓裡面除了

一張床和書桌外，別無他物。當時正值夏天，閣樓密不透風，熱得像蒸籠一樣。到了冬天，閣樓又冷得像冰窖。因為生活貧窮、入不敷出，他常是餓著肚子寫作。

在條件如此惡劣的情況下，巴爾札克仍然嚴格地要求自己白天讀書，晚上寫作，一天只有幾個小時的睡眠時間，遇到靈感來時，常是通宵達旦的筆耕。這樣的日子一過就是好幾年。

屋漏偏逢連夜雨。巴爾札克在與出版社合作過程中不斷受騙，他辛苦寫出的稿子都沒有收到稿費，還曾一度讓他負債累累，債務高達 10 萬法郎。

為了躲避債務，巴爾札克有過六次搬遷住處。他對朋友說：「我經常為一點麵包、蠟燭和紙張憂慮。債主逼迫我像迫害兔子一樣，以致我常像兔子一樣四處奔跑。」

即便已經到了人生的絕境，巴爾札克依然沒有放棄，在一波接一波的磨難中，他忍受著命運之神對他的殘酷考驗，在飢餓和壓力的煎熬中繼續奮鬥寫作，有時餓得寫不下去時，他就喝水止餓，喝完水再繼續寫。

巴爾札克一邊忍受貧困苦難的日子煎熬，一邊對自己更加嚴格，他從不跟人享受休閒娛樂，每天的寫作時間是十八個小時以上。他曾一句話概括自己：「一生的勞動都在痛苦和貧困中度過，且經常不為人知。」

巴爾札克用這樣的自律生活獲得了傲人的文學成就，在不

到二十年裡，他共創作 91 部小說，每一部小說在世界文壇上都具有舉足輕重的影響力。凡是拜讀過他小說的讀者，都會被其文字和故事深深打動。

然而，巴爾札克的輝煌成績，卻是在經歷痛苦的煎熬中才得到的。他用了一生的貧困和痛苦，換得了這些偉大的文學作品。

由此不難看出，一個人的任何成就，都必須經歷痛苦的煎熬。當我們看到一些人在某方面獲得成就、受眾人崇拜時，請一定記住，他們曾經受過各樣不為人知的磨難。

當你感覺到目前的生活很艱難，覺得難以承受時，不妨再堅持一下，在堅持中，尋找突破困境的方法，你會發現，原來自己可以如此的出色！

執著地追你的夢想，你的青春將與眾不同

偉大的哲學家蘇格拉底（Socrates）曾說過：「世界上最愉悅的事，莫過於為夢想而奮鬥。」的確，人和人之間最大的不同，就是有沒有夢想。一個有夢想的人，會比那些沒有夢想的人，更加堅強和勇敢；一個有夢想的人，是靠自己的努力和奮鬥來改變命運的。

是夢想讓我們在芸芸眾生中變得與眾不同！

我有一個朋友擔任公司行銷部門的職員。這位朋友在工作上對自己要求特別嚴格。他每天提早一個小時進公司，處理自己負責的專案工作，下班時會晚半個小時離開。別看他每天只比別人多一個半小時工作，但他的工作績效卻比同事高出好幾倍。

別的同事一個月最多規劃二至三個專案且並無新意，還要其他同事協助完成。而他每個月可規劃十個以上的專案，而且是獨立完成作業。每個專案為公司帶來的收益非常可觀，他的績效獎金當然也比同事高出很多。

他薪資很高，可是他很少有高額消費，更不會任性地來一場「說走就走的旅行」。他把多數薪資都用在進修上。在工作之餘，他買了很多專業書籍或是到圖書館借書研讀、或是參加各種培訓班來加強專業、充實自我。

有同事問他：「你工作不到兩年，就跟公司的資深員工的收入差不多，怎麼還這麼辛苦地去拚？」

他說道：「我的夢想是當一個產品企劃經理，以我目前的能力，是絕對達不到的，所以，我只有以高標準不斷要求自己，逼自己學習、精進，才有可能實現這個夢想。因為有夢想陪伴，我不但不覺得辛苦，反而感到過得很充實。」

這就是一個有夢想的人的工作狀態，在別人眼裡看似的「辛苦」，在他們看來卻是「充實」。在這個世界上，沒有哪份工作不

辛苦，但若是心中有夢，我們就會選擇奮鬥，哪怕撞得頭破血流也會咬牙堅持下去。因為有夢想就有希望，有希望就不害怕人生中遭遇的各種坎坷。

心懷夢想就會無所畏懼，什麼樣的挫敗都不在話下；心懷夢想的人，是不會在意別人的流言蜚語的。在他們看來，浪費自己的時間跟別人爭論，是對夢想的不敬，會讓夢想離自己更遠的。他們絕不會浪費讓自己做這些無謂的事情。

心懷夢想的人之所以能夠與眾不同，是因為在熙熙攘攘的人群中，聽不到他們抱怨或嘆氣的聲音，即便是遭受到了重大的打擊，他們也不會退縮，而是把種種委屈內化作動力。哪怕他們曾經被這個世界殘忍、不公地對待，他們仍然不會放棄自己，而是選擇更積極、努力地奮鬥，每天保持著微笑，把當下的每一天，當作永遠的起跑線。

無論是什麼人，只要有了夢想，就有了明確的追求目標，有了明確的夢想熱情地招喚，從而有了頑強打拚的動力，有了不斷進取的堅韌，有了偶遇的挫折，依然堅定向前的執著，最終便有了成功的人生。

目標與奮鬥，在每個人的生命中都是不可或缺的。有時，即使僅僅只是一個絢麗甚至遙不可及的夢想，也同樣可以激發出神奇的力量，可以推動我們走向夢想的彼岸。

因為懷有夢想，才讓人們把自己最精彩的一面展現了出

來，讓世界為之喝采。因為懷有夢想，經過努力才讓人生變得與眾不同了，甚至成為萬中選一的卓越之人。

如果你夠幸運，也會遇見這樣的優秀人士，他們的共同特點是：一直持續地努力著，他們的夢想聽起來或許不切實際，生活品質過得可能比你差，也沒把握是否能成功，即使受盡非議，卻也不為所動。這樣的人，可能只占全人類不到千分之一，甚至萬分之一。

在現實的衝擊之下，夢想或許只是心靈的安慰劑，使漫漫人生路多了一份光明。

有一個有趣的實驗：對數百名智力、家庭、學歷、生活環境等綜合條件相差無幾的年輕人進行一次問卷調查，其中 A 組是 27% 的人沒有夢想或目標；B 組是 60% 的人有模糊的夢想；C 組是 10% 的人有明確的短期人生目標；D 組是 3% 的人有明確且長遠的人生目標。這四組人經過 25 年後，D 組受試者在經歷了難以想像的挫折後，他們非但沒有放棄夢想，反而更努力精進，成為社會各界的頂尖成功人才；而 C 組受試者經過多年打拚後，也都生活在社會的中上階層；而 B 組受試者大多數生活平淡；最後 A 組的人幾乎不約而同地淪落到社會的低下階層，他們常常抱怨自己懷才不遇、抱怨他人心懷不軌、抱怨社會不公。

人生，不管路有多長，不管前方是不是困難重重，設定好

明確目標、選擇好了這樣一條路，就必須要堅持走下去，只要心中有「再往前一點點就到了」的信念，夢想真的這麼遙遠嗎？其實，它也許就在前方不遠處，正向你招手，等待你的到來。或者，它在十字路口的轉角處，準備在你猝不及防的時候給你一個驚喜。生命永遠因為夢想而發光並閃耀。

所謂好運，就是在喜愛的產業日積月累地修練

在七月，一個盛夏的早上，一位年過六旬的知名的相聲表演藝術家，站在路旁向過往的計程車招手。

很快，一輛計程車停在他面前，司機是個年輕人，一眼就認出藝術家，驚喜地說道：「先生，我遠遠看著就像您，還真的是您啊！」他邊說邊拿出一個筆記本，「先生，請幫我簽個名吧！老實說我開車三年了，第一次載到像您這樣的名人。」

藝術家上車坐妥後，很認真地幫司機簽了名字。一路上，他們開心地聊著。

半小時後，藝術家到達目的地後下了計程車。

等年輕人開車走遠後，他又招手叫了另外一輛計程車。這是個女司機，她也一眼認出了藝術家，雖然沒像第一個年輕司機那樣請藝術家為她簽名，但她像娛樂記者一樣，追問了藝術家很多問題……下了這輛計程車後，藝術家又招手上了另外一

輛。幾個小時過去了，藝術家換了四、五輛計程車，這些計程車載著他幾乎繞了大半個臺北市。

轉眼到了中午時分，他又隨手招了一輛計程車。這次開車的司機是個 40 歲左右的中年男子，他像前幾位駕駛一眼就認出了藝術家，雖然也很高興、熱情，但是他一路上專心開車，不說話。藝術家有點尷尬和不解，但又不便直問。這時剛好遇到紅燈，司機在等紅燈時才扭頭問道：「先生，今年您還上過年節目嗎？」

藝術家還沒來得及回答，交通號誌已變綠燈，司機又專注前方不再說話。此時，藝術家忽然明白了。車到了目的地後，藝術家沒有馬上下車，而是問他：「司機先生，您願意做我的私人司機嗎？」

「先生，您不會是在跟我開玩笑吧！這麼好的工作機會怎麼會輪到我？」司機愣了好久，才說道。

藝術家溫和地一笑：「是這樣的，我的年歲大了反應也差勁了。上週我自己開車出了點事故，差點送了老命。老伴和兒女都不放心，說什麼也不讓我自己開車了。所以我就想聘請一位私人司機。」

司機疑惑地問：「可是這麼多會開車的人，您怎麼就相中我呢？」

藝術家感嘆道：「開車的人是很多，但你是唯一在開車的時

候不做其他事情的駕駛。」

　　看吧！當你在職場上日積月累地修練好品格時，就能輕而易舉地遇到了好運。看似偶然，實則必然。

　　Y 研究所畢業後，進入一家跨國公司服務。

　　雖然他學歷高，但因為剛進入公司什麼都不懂，也就沒有什麼可以驕傲的本錢。但是 Y 堅信只要保持一顆好學上進的心，很快就能勝任工作的。

　　Y 是學管理的，但主管總讓他做一些瑣碎的事。他明白自己學歷再高，也得從最基礎的小事做起。當老闆叫他去影印時，他便跑去影印；出納人員不在時，叫他做出納的工作也不計較；叫他聯絡業務人員、追訂單，他便去與業務人員溝通、追蹤進度；叫他預約出差的飯店，他便四處查詢既便宜、又方便的飯店；要他代聽培訓課程，他便備妥紙、筆、錄音筆就跑去聽課……總之，他在同事眼裡是最清閒也是最忙碌的人，而只有他知道自己受了多少委屈，吃了多少苦。

　　漸漸地，他發現自從做了主管交辦的這些工作後，他的邏輯性增強了、做事效率提高了、溝通能力也在不斷提升。而且他對產品流程特別熟悉，只要有人詢問他各項產品的進度，他便能明確地回覆產品製程到哪個階段、還要多長時間可以完成、什麼時間可以出貨、什麼時間可以上架等情況。

　　面對同事一臉佩服的樣子，讓他很開心、很有成就感。漸

漸地，他開始接受、喜歡這種充實忙碌的日子，因為這讓他掌握了很多資訊，學到了很多獨到的本領。

特別是在跟客戶互動時，他不但掌握了公司和產品的運作情況，同時他的邏輯強、工作效率高，加上溝通能力也大大提升，這些為他日後的公司考核做了充分準備。試用期滿後，他如期且順利的通過了公司所有的考核。他對工作的熟練度，以及公司情況的掌握度，連老闆都稱讚不已。

老闆說：「你真不愧是管理本科出身的，能把各項工作都安排得井然有序。從下個月起，你就調到企劃部吧！讓企劃部門的陳經理趕緊培訓你一陣子，因陳經理兩個月後就要調到行銷部門當副總了，你先代理經理認真學習，若做得好，以後這個職位就是你的。」

無論是在職場上，還是在生活中，只要你選擇了一種工作或是生活方式，都要從內心真誠去接受它。不管你嘴上說得多漂亮，多會找藉口，你的行為、你的狀態會決定你最終結果的收穫。

如果你選擇只當一個完成任務的員工，那麼你只要付出少量的體力，花費少量的腦力，只求過安定的生活，就別羨慕別人升遷快、領高薪，別嫉妒別人優質的生活！

你要記住，當你內心放棄卓越的那一刻，「好運」就像躲避瘟疫一樣遠離你。

你就好比一棵大樹，只要你不迷失自己，只要你努力充實自己，終有一天，你會發現「好運」與你如影隨形！

我剛創辦工作室時，招募了一個祕書，人長得很漂亮、嘴也甜，但就是太懶。她每天無所事事，只有接幾通電話，然後就上網逛購物網站、看臉書、逛 IG，或是用甜美的聲音跟朋友聊天。

我看到她這樣的工作表現，就希望她能夠改變一下工作態度。她很驚訝地看著我，委屈地說：「我只是一個櫃檯人員，工作內容不就是接幾通電話嗎？我接電話時那麼禮貌，也沒見哪個客戶投訴我。我還要改變什麼工作態度？」

我說：「你沒看到公司全體同事都很忙嗎？你也可以主動幫忙。」

她無辜地說：「同事那麼多，工作這麼雜，我到底幫誰啊？再說我又不是超人。這麼多工作都讓我一個人來協助，我還不累死。」當然，這樣的態度，試用期還沒結束，她就主動離職不做了。

幾天後，新招募的一個櫃檯人員來了。

她上班第一天就自己主動設計了一個登記表，記錄每天出入的訪客和來電紀錄。一週後又自行建立了一份櫃檯職位的工作說明和服務流程，長達幾十頁。接下來，她又陸續整理了公司的快遞單、出差人員的車票、住宿票據等，並且建立了詳細

的電子表格和相關統計。竟然還根據這些統計資料，做出來了一份詳細的分析報告。

不到半個月的時間，她就對公司的運作流程和核心技術知識瞭如指掌。以上這些項目都不是我們指派她，都是她自己觀察後主動學習並執行的。公司所有人都對她稱讚有加，現在她已經成了獨當一面的部門經理。

由此來看，任何人的好運，都不是憑空「掉」下來的。

這雖然是一個重視顏值的社會，但那只決定了你獲取好運的一小部分因素。而好運這頂皇冠最終花落誰家，還要看你願不願意花時間、下工夫，對工作用不用心。

回頭路也不好走，再難都要往前走

說到馬雲，那可真是所有華人地區的勵志榜樣。由於為「阿里巴巴」服務的廠商高達到 240 萬人，所以馬雲即使在睡夢中，「阿里巴巴」每天也有 100 萬人民幣的收入。但馬雲之所以有今天的成果，也是在經歷一次次失敗的煎熬後才獲得的。

說實話，不管是憑馬雲的外型，還是他的「聰明」，都不屬於成功者。他曾經說過，看了《富比士》（Forbes）上的照片後，才知道「自己到底有多醜」。他說自己很笨，笨到什麼程度呢？他上學時，他的課業成績從沒進過班上前三名。然而他的理想

是上北京大學，但最後他只考上了杭州師範學院，還是個專科，更諷刺的是，他還考了三年。第一年他的數學只考了 1 分，第二年數學考了 19 分。

為此，馬雲經常說自己的創業經歷至少可以證明：「如果我馬雲能夠創業成功，那麼我相信中國 80% 的年輕人都能創業成功。」 馬雲大學畢業後，先是當了六年多的英語老師。在這期間他成立了杭州第一家外文翻譯社，用業餘時間接了一些企業機構的翻譯工作。雖然翻譯費沒賺到多少，倒是闖出了一點名氣。

1995 年，「杭州英語最棒」的馬雲受浙江省交通廳委託到美國催討一筆債務。結果是債務沒要到一分，倒發現了一個「寶庫」—— 在西雅圖，對電腦一竅不通的馬雲第一次學會了用網際網路，並發現「這裡有大大的生意可做」。馬雲當時就意識到網際網路將是一座金礦。

噩夢般的討債之旅結束了，馬雲灰溜溜地回到了杭州，身上只剩下 1 美元和一個瘋狂的念頭 —— 成立「阿里巴巴」。馬雲的想法是，把中國企業的資訊集結起來並快遞到美國，由設計者做好網頁向全世界發送，利潤則來自向企業收取的費用。

馬雲從不怕失敗，這是在他考大學時就已經練好了的心理素養。「立即行動」是他的性格特點。他找了個專攻自動化的夥伴，加上妻子共三人，租了間房就開始了創業之路。這就是

馬雲的第一家網際網路公司 ── 海博網路，產品叫做「中國黃頁」，所以國外媒體稱馬雲為中國的 Mr. Internet。

馬雲的口才很好。常在杭州街頭唾沫橫飛地推銷自己的「偉大」計畫。當時很多人還不知網際網路為何物，但在聽馬雲講他的計畫時就叫他「騙子」。1995 年他第一次上電視時，有個幕後人員指著馬雲對記者說：「這個人不像好人。」

雖然馬雲在很多人面前栽了跟頭，但他非但沒有放棄，反而對自己嚴格要求，他天天提醒自己：「網際網路是影響人類未來生活三十年的長跑賽程，你必須跑得像兔子一樣快，又要像烏龜一樣耐跑。」

1996 年，馬雲的營業額不可思議地突破了 700 萬人民幣。也是在這一年，網際網路漸漸普及了。這時馬雲引起了相關單位的注意。次年，馬雲被邀請到一個由聯合國發起的專案 ──EDI 中心，並參與開發對外經貿部的官方網站以及後來的中國商品交易網路市場。在這個過程中，馬雲的 B2B（企業對企業）商業模式漸漸成熟，利用電子商務為中小企業服務。他認為，網際網路上企業間的業務量，比企業與消費者之間的業務量大得多。為什麼放棄大企業而選擇中小企業，馬雲打了個比方：「聽說過捕龍蝦致富的，但還沒聽說過捕鯨致富的。」

1999 年，馬雲回杭州創辦「阿里巴巴」網站。臨行前，他對工作夥伴們說：「我要回杭州創辦一家自己的公司，從零開始。

願意與我同去的，薪資只有人民幣 500 元；願意留在北京的，可以介紹去薪資很高的雅虎和新浪，給你們三天時間考慮。」但不到五分鐘，夥伴們一致決定：「我們回杭州去，一起齊心奮鬥！」幾個月後一傳十，十傳百，「阿里巴巴」網站在業界中聲名大噪。就這樣，他在吸引到大量客戶的同時，也吸引人才和風險投資。

雖說馬雲是中國最早的 B2B 網站創辦人，他沒有國外留學經歷，不懂得網路，沒有人脈，但他願意在一次次跌倒後，仍然不改初衷地堅持做自己喜歡的事情，並且依然專心做一件事情。

每個想要獲得成功的人，成功之前的煎熬是必不可少的。正是這種痛苦無助的「煎熬」，讓我們的心理素養變得異常強大，讓有限的生命變得厚重、堅韌。如果人的一生沒有一點挫折，沒有一點挑戰，哪裡來的樂趣，哪裡來的成功？

最高格調的堅持，是坐熱你人生的「冷板凳」

我的一位忠實粉絲，曾向我談起他的一段血淚職場史：

七年前，他初到公司時，公司還處於起步階段，他不嫌薪資低，辛辛苦苦、踏踏實實地做著，這一待就是七年。他目睹公司從一家幾個人的小公司，到現在成長為幾十個人的股份公司。

隨著新人不斷的加入，他這個資深員工卻被老闆安排在了無足輕重的位置上，處理一些無關緊要的小事，偶爾還要無薪加班。有時會找老闆談，老闆都會講一番大道理，說什麼「公司效益不好，要扶持新人；新人有熱情、有創意、有衝勁，是公司的新血輪」。總而言之，為了公司，要他「委屈一點」。

「難道真的是天下老闆都像烏鴉一般黑嗎？可他們也不想想，我們這些老員工，在青春年華時，為他們貢獻年輕熱情，賣命地為他們賺錢，等我們老了，再怎麼黑也不能過河拆橋不是？」

聽了他的話，我沒有正面回答他的問題，而是跟他講了一個故事：

朋友 D 是位專業經理人，六年前進入一家外商廣告公司時，由於他有準確的判斷能力、理性的決策力、果斷的執行力，所以工作一年後，就升為年薪六位數的部門經理。

D 的性格樂觀外向，膽大心細，對工作兢兢業業，按說他事業應該一帆風順。然而，職場如戰場，在一次工作場合中，心直口快的他因看不慣直屬主管在總經理面前邀功，就為自己的下屬說了一句公道話，沒想到他很快就為自己的「仗義執言」付出了慘重的代價。

這位直屬主管以 D 的團隊所執行的專案費用超支為由，再也不分發重點專案給他們了。然而真實情況是，他們負責的專

案經費之所以高，是因為那個專案風險大、收益高，就是收益週期會很長。

此後，D 的團隊只能做一些小專案，與此同時，他團隊的一些重要幹部開始被調到其他部門，最後只剩下他和幾個新來的實習生。直到此時，D 才知道自己被「冷凍」了，但他沒有抱怨，而是從容地接受了公司的安排。因他明白想要提高團隊的能力，他這個做主管的就不能懈怠，所以他一面幫同仁加油打氣，一面利用業餘時間進修、做市場調查，與潛在顧客進行零距離接觸。

這樣一來，D 比原來還要忙。儘管他們做的是不起眼的小專案，但在他的團隊裡，卻做出了意料之外的績效。這些小專案不但比預計的時間提早完成，還開發了一批潛在的忠實客戶。而這些忠實客戶又為他們創造了其他很多業務。

漸漸地，他所領導的團隊以工作效率高、客戶風評好，在公司裡開始形成了口碑，甚至還傳到了國外總公司董事長那裡。因此董事長來公司時，特意找了 D 談談，由於董事長也是基層出身，在與 D 溝通時，發現 D 的很多創意很新穎，實作性也強，當場鼓勵他撰寫一份詳細的企劃案，在部門開會時提出。

部門會議上，當 D 把一份精心寫好的企劃案交給主管時，主管看也沒看就當眾宣布：「D 的專案寫得很好，但寫得好不一定做得好啊！他們團隊上次執行的那個專案經費嚴重超支。現

在這個專案即使要執行，也得讓其他團隊來負責。」

　　面對主管的冷嘲熱諷，成功執行數十個專案的 D，若在以往早就發作了。但這段時間坐「冷板凳」的不公平待遇，讓他明白有時候必須忍，忍一時不僅風平浪靜，還能讓自己變得更加成熟。

　　從此，D 調適心態繼續積極地帶領團隊執行小專案，同時訓練自己波瀾不驚的心態。一年後，由 D 與其團隊所執行的一個小公司的廣告，在國外獲得一等獎，這讓 D 在業界的聲名遠播，更是驚動了總公司的董事長。接下來，D 不僅重新參與重要專案的企劃，還被總公司高層聯合提名擔任公司的總經理。

　　坐冷板凳不可怕，可怕的是你坐在冷板凳上，心也冷了。

　　當你坐在冷板凳上時，要學會高格調地堅持。什麼是高格調的堅持呢？就是雖然坐在冷板凳，但要保持一顆火熱的心。當你懷有一顆火熱的心時，才會轉移負面情緒並提升專注力，為不再坐冷板凳做萬全的準備，那麼當機會來臨時，你會來一個鯉魚跳龍門。

　　當你坐在冷板凳上時，與其在「冷板凳」上自怨自艾、疑神疑鬼，不如調整自己的心態，把「冷板凳」坐熱。一面心平氣和地去承擔其中的苦，一面也要為日後的崛起充分準備，然後耐心的、靜靜的等待自己發光的那一刻。

學會用你的方式堅持做事情

生活的唯美之處就在於，只要我們堅持，只要我們努力，就會看到意想不到的美景。不管你的昨天多麼美好，不要去留戀，而是繼續向前，說不定前方有更美好的風景等著我們。

當我們這一路走來，不管遇到什麼人都是緣分；不管遇到什麼事情，都是好事情，都能讓我們成長；不管遇到多大的難關，都是來度我們的……所以，哪怕前途困難重重，也依然要按照自己的方式，執著地堅持下去，堅持下去，你收穫的將是驚喜！

曾看過這樣一幅漫畫：

第一個人在挖金礦時，眼看再一點距離就可挖到金子，可是他因為太累就放棄了。第二個人跟他一樣，也在努力挖金子，也像第一個人累得筋疲力盡，但第二個人堅持了下來，於是，他用沒有放棄的這一把鏟子，挖出了黃澄澄的金子。

這幅漫畫提醒我們，很多時候我們距離成功只有一步之遙了，只要你再往前一小步就能獲得。但有許多人因為身體太累、心太冷了，不想邁出最後這一小步，於是與成功擦肩而過，也讓之前的努力都付諸東流。所以，無論做什麼事情，千萬不要半途而廢，因為你也許離成功僅有一步之遙。

在體育賽事中，我們也可以看到這類的成功楷模。

　　1992 年 8 月 1 日，巴塞隆納奧運女子 100 公尺決賽中，一位名叫蓋爾・德弗斯（Gail Devers）的美國選手一舉奪冠。但讓人們想不到的是，就在賽前一年，這位短跑明星還在與死神做生死之搏。

　　原來在 1990 年 9 月，德弗斯被診斷患了一種怪病，這種病隨時能要了她的命。由於她的甲狀腺過於活躍，處在癌變的前期，因此她的生命隨時都有可能結束。她配合醫生建議，進行頻繁的化療和放射性治療，各種治療所帶來的副作用將她折磨得不成人形。一頭美麗的長髮幾乎全部脫落、雙手總是不停地發抖、左眼面臨失明的危險，加上頭痛欲裂、記憶力喪失、雙腿浮腫不能站立，只能用雙膝爬行。

　　然而，致命的病魔並沒有壓垮她的求生意志，她發誓：「只要我活著，就一定要重返田徑場。」為了參加比賽，她每天掙扎著跪著爬行。這種極度消耗體力的運動惹怒了醫生，慎重地警告她：「如果再不停止這種愚蠢的運動，兩天之後就只能鋸掉雙腿了。」德弗斯聽後斬釘截鐵地回道：「我寧死，也不放棄我的運動生涯。」

　　醫生們被她的堅強意志震驚了。在她的堅持下，奇蹟居然發生了。1991 年 4 月，她病後重新站了起來，第一件事就是回跑道上慢慢行走。經過一年不為人知的苦練後，她終於奪取了奧運金牌，被譽為「從墳墓裡爬出來的冠軍」。

　　世界是屬於勇者的，成功與失敗常是一步之遙。當然在跨出這一步前，也許你面臨的是一個困難的抉擇，或許前進、或許止步，但對一個成功者來說，他們要做的是挺住、撐住。當然，像德弗斯這樣在病重時，仍堅持高強度的運動訓練是有很大的風險的，可能會失敗但也可能獲致成功。從這一點上來看，成功者都是膽大的，他們為了得到自己想要的生活，甚至可以不在乎生命。然而也正是這種堅毅的精神，讓病魔也望之卻步了。

　　西元 1793 年 9 月，還是一個小小上尉的拿破崙被派往土倫（Toulon）參加戰役。拿破崙一到防守堅固的土倫就仔細觀察，然後向國民公會的特派員提出了新的作戰計畫。特派員對新的作戰計畫十分欣賞，立即任命拿破崙為攻城砲兵副指揮，並提升他為少校。

　　拿破崙立刻意識到這是一個機會，於是他積極地投入戰前的籌劃，並展現出過人的精力、才智和膽識。最後土倫戰役獲得了勝利，拿破崙在此戰役中初露鋒芒，為他日後叱吒風雲的戰役奠下基礎。西元 1794 年 1 月 14 日，拿破崙被破格提升為少將。

　　成功是每個人的夢。之所以有許多人無法享受成功的喜悅，是因為他們總是無法堅持到最後，他們難以承受潛行在黑夜的孤獨與寂寞，害怕在最艱難時泯滅生的希望，所以，他們

缺乏成功者那種跌倒了又爬起、咬牙堅持的不放棄精神。

西元 1844 年，摩斯（Morse）發明了有線電報，讓居住在同一個陸地卻彼此隔絕的人們能夠透過電報來聯繫，同時讓人們知道世界上發生的一些事情。但對遠隔重洋的歐亞及美洲兩大陸地上的人們來說，利用電報進行通訊依然是個奢望。

菲爾德（Cyrus Field）是一位年輕的富商，他決定幫人們完成這個「奢望」。他果斷地把自己所有的財產及全部精力投入這項偉大的事業中。他先是改造了由英美兩國政府提供的兩艘戰艦，分別裝上足夠安設兩千多海里的電纜，於西元 1857 年 8 月 5 日，開始了安設海底電纜的第一次嘗試。第六天晚上，300 多海里長的電纜在海面上消失得無影無蹤，菲爾德第一次安設海底電纜的嘗試宣告失敗。

花費了這麼多的時間、人力、物力和財力，結果竟然一敗塗地，這對一般人來說，或許就灰心不再做了。但是菲爾德沒有放棄。第二年，他帶著新的勇氣和舊的電纜重新出發，卻在第四天因為遇上了狂風暴雨，迫使他白白扔掉 200 海里長的電纜，再次宣告失敗。當菲爾德第三次出航時，人們已經不再相信他了，也就沒有人再注意他們船隊的動向。結果就是這一次的堅持，菲爾德的海底電纜安設成功。

西元 1858 年 8 月 16 日，紐約的人們第一次接收到英國女王透過海底電纜發來的賀電時，他們歡呼雀躍，特地為菲爾德

舉行了盛大的遊行並將他視為英雄。正當人們興高采烈慶祝的同時，那根要命的海底電纜突然沉沒海底。轉眼之間，人們對菲爾德的讚美變成咒罵，前一秒還視他為「英雄」的人們，下一秒即改口稱他是「騙子」。

這次失敗後，足有六年的時間，人們沒有再聽到菲爾德安設海底電纜的消息。就在人們已經遺忘此事時，菲爾德卻重振旗鼓開始他的「第 30 次」遠渡大西洋。經歷了數十次失敗的菲爾德，終於在西元 1866 年 7 月 13 日，把美洲到歐洲的海底電纜安設成功了！

在這個世界上任何領域的成功者，都屬於像菲爾德這樣堅持不懈的人，即便處於沒有任何希望的境遇中、即便所有的人都不看好，他們還是咬牙堅持著。這種不成功便不罷休的精神，最終讓他們成為萬千人中那唯一的成功者。

我們想要做好一件事情，必須要有心理準備接受可能面臨的各種困難和挫折。所以，要學習感謝生活中的磨練，是它幫助我們長大、成熟、堅強，未來的路上還會有更多的難題，只要我們一直保持樂觀、進取的態度，相信藉著時間的推移，一切痛苦都會過去，太陽依舊會從東邊升起。不要因為一時的困難就放棄，因為放棄最終會讓你什麼都得不到。在最艱難的時候再堅持一下，你就會發現前方的道路充滿一片光明。

沒有出色的才華，也可以用實幹成就夢想

白朗寧（John Browning）說過一句話：「人類的偉大不在於他們在做什麼，而在於他們想做什麼。」的確，一個人可以一無所有，但不能沒有夢想。因為夢想，我們才屢經挫敗仍信心不減；因為夢想，我們才歷經磨難仍前行不止。

然而，再美好的夢想都需要實幹的精神來支撐。我們每一個人都應該從實幹做起，從現在開始踏踏實實地做好每件事，用實幹成就自己的事業。有了「實幹精神」，夢想才不至於僅為夢想而已。

愛迪生是偉大的發明家。他發明的留聲機、電影攝影機、電燈對世界有極大影響。他一生的發明共有 2,000 多項，擁有專利 1,000 多項。愛迪生被美國的權威期刊《大西洋月刊》（*The Atlantic*）評為影響美國的百大名人第九名。

他曾反駁那些稱讚他是天才的人說：「這完全是錯的，艱苦的工作才是實在的。我的發明是靠努力、苦幹、實踐得來的，絕不是什麼天才。」

當有人問起愛迪生的成功祕訣時，他說：「要做，一直做到底，不成功絕不罷休，要有堅強的毅力才行。」這話既表達了他從事創造發明的決心，也反映出他為達到目標是付出了何等的代價，唯有實幹才能成功。

　　愛迪生從小對科學研究充滿興趣，他的夢想就是當一名發明家。據說他為了找到一種既能發光又不會立刻被燒毀的燈絲，到圖書館翻閱了數百種技術資訊，並且做了 200 多本的筆記。與此同時，他對各種有可能被用作燈絲的材料進行了廣泛的實驗。

　　年輕時的愛迪生是一個十足的實幹家。他一心埋頭工作。曾有人做過計算：「五十年中，愛迪生待在實驗室或工廠裡，每星期有六天甚至七天，每天平均有十八小時的工作。以多數人平均每日八小時的工作計算，他在工作上所花費的時間，一般普通人得要花費 125 年。」一位跟隨他多年的人描述初次見到愛迪生時的情形：「他就像一般年輕人，常是油垢滿身，好像工匠一樣，蓬頭垢面又像是個流浪漢，但是心胸寬廣，令人一見到他就會油然起敬。」

　　愛迪生對科學發明的專注精神，令所有的人嘆為觀止。

　　西元 1871 年聖誕節，是愛迪生與瑪麗小姐（Mary Stilwell）結婚的日子。但他做起實驗，竟把這個重要的日子給忘了，一直工作到深夜，留下新娘獨自一人在房裡空等著他。

　　此外，愛迪生還是一個不空談、持之以恆的實幹家。1914年，愛迪生的實驗室失火，毀損物品高達 400 萬美元。這一重大打擊並沒有使他停頓下來。他說：「我已 67 歲，但還不算太老，我要重新做起。」

1924 年 5 月，美國票選國內最偉大的人，結果愛迪生得票最多，光榮當選。國家頒授給他一枚最高獎章 —— 特級國會榮譽勳章。這時愛迪生已經 77 歲，還是照樣努力不懈的工作，從來沒有想到要退休。他的座右銘是：「我探求人類需要什麼，然後就邁步向前，努力去把它發明出來。」

愛迪生的大量發明，固然是因應當時社會生產發展的需求而做出的。但是，他那嚴肅認真和重視實踐的科學態度，刻苦鑽研和勤奮工作，以及實踐的精神，正是他獲得成功的重要因素。

勇於實踐才能成就個人亮麗的人生，繼而實現人生的夢想和社會價值，這才是夢想的最終歸宿。在實踐中追逐夢想，就是讓我們要一步一腳印，不要總想著走捷徑。少一些譁眾取寵，少一些急功近利，不要因挫敗而氣餒，在堅定的信念下耐得住寂寞，用汗水和智慧來實現夢想。

我們可能經常聽到一些年輕人抱怨工作難找，但找到工作後，又抱怨工作太累，害得他們沒有時間去實現自己遠大的事業、夢想。但很多時候，你眼中的事業和夢想，是要立足於現實的。任何一個夢想要激發力量、鼓勵奮鬥，是離不開現實的深厚基礎的；夢想要開花結果、落地生根，更有賴於現實的強力支撐。

如果你想靠一己之力實現夢想。那麼，工作不失為實現事業和夢想的最佳途徑。別在最應該奮鬥的時刻選擇安逸，我

們必須不怕吃苦，在實踐中接受考驗，磨練意志，才能成就夢想！祝福自己吧，因為你擁有你的夢想；為自己感到自豪吧，因為你為夢想插上了勇於實踐的翅膀！追逐夢想、實現夢想，是我們每個人的願望，在想準備大幹一場之前，我們要先問自己兩個問題：

第一、我努力的方向正確嗎？

有個成語叫做「南轅北轍」，意思是心想往南而車卻向北。當夢想實現的方向與我們努力的方向不一致時，愈努力就愈迷茫，也就離實現夢想愈來愈遠。

鄰居有一位媽媽，每次送女兒上鋼琴課時風雨無阻。女兒練琴練得很勤奮，堅持上了很長時間的鋼琴課。可是女兒的琴藝進步得很緩慢，媽媽很是心急，甚至有段時間因鋼琴課造成小女孩情緒低落，顯得壓力很大。

媽媽後來發現，她自己對鋼琴的熱情遠遠超過女兒。原來這位媽媽從小就有彈琴的夢想，小時候因為家庭之故沒能實現這個夢想。由於她希望女兒琴藝出眾，因此她便早早為女兒買了鋼琴並且積極陪孩子上課。她沒有意識到孩子的壓力，也沒有傾聽孩子內心的想法。

其實，這位媽媽與其逼著孩子上不喜歡的鋼琴課，為什麼不自己學習呢？我相信如果母親自己去努力學琴、練琴，那麼她的夢想一定會開花結果的。

第二、我的努力有成果嗎？

要讓自己的努力有成果，首先要警惕的是虛榮感。

高中時，我們每個同學都會準備課堂筆記本，記錄、歸納每堂課的重點內容。班上有個同學的筆記總是做得特別精美，圖文並茂。抄筆記這項煩瑣的工作，在她眼裡不僅不是負擔，反而是種享受。

她精彩的筆記本常常受到老師和同學的稱讚，因此慢慢地喜歡上了整理筆記，並且配上插圖和漂亮的貼紙。老師常常在班上表揚她，並將她的筆記本在班級內傳閱，鼓勵我們向她學習。可是這位筆記做得精美的同學，成績並不理想。

筆記做得好帶給這位同學讚美和滿足感。而虛榮心使她在這件事上花了更多的工夫。做筆記的本質是為幫助記憶和歸納重點，而這個同學卻本末倒置，把念書的時間與心思都花費在做筆記上。

同時，我們要記住的是成功沒有捷徑可走。

在培訓的過程中，經常會有學員問我，如何在短時間內熟練地掌握一門技能？如何在短時間內成為該產業的專家？在這個講求效率的時代，人人都在追求捷徑。

我們都聽過「一萬個小時理論」，如果要成為產業內的專家或精通一門技藝，需要一萬個小時的專注努力，把時間平均分配到每一天，如果每天花四個小時做這件事情，加起來需要七

年的不懈努力。在這七年時間裡，如果我們沒有全力以赴，而是斷斷續續地進行。那麼我們達到目標所需要的時間就更長了。

當我們看到別人成功時，我們只看到眼前的鮮花和掌聲，還有榮耀的光芒，卻總是忘記成功背後所有的艱辛和寂寞，那些成功者之所以從不渲染他們艱苦的努力奮鬥，因為努力是他們生活的常態，就像呼吸和吃飯一樣自然。當我們想尋找成功捷徑時，請記得沒有人能隨隨便便、輕輕鬆鬆就獲得成功。

為什麼說成功者需要高度，因為當我們站在一個更高的位置俯視全局時，我們能更好地抓住主要骨幹、脈絡，而那些細枝末節則需要適當地捨棄，或把它們交給專業人士去做，懂得與他人合作，而不是事必躬親。有時要求完美，反而會阻礙我們的成長。把精力花在真正重要的事情上，讓自己成為重要不可或缺的人。

不懈地堅持，有時也能換取你想要的東西

我的朋友 Y 畢業於廣播學院，她的夢想是做一個廣告企劃人。

大學畢業後，她沒有像其他同學去電視臺做編導、主持，而是進入一家廣告公司，每天在辦公室裡喝著咖啡、和同事談創意。那段時間她開心極了，並決心要在這個產業做出一點成就來。

天有不測風雲。試用期還沒有過，人資主管就請她到辦公室，對她說：「很抱歉，公司認為你不適合做這份工作，從明天開始，你就不用來公司上班了。」

這是她進入職場第一次遇到的挫折，她是那麼喜歡這份工作，可是工作就像是談戀愛一樣，屬於雙向選擇，人家沒有「看」上她。

一連好幾天，她感到萬分惋惜和無奈，一度懷疑自己的能力。但她很快就說服了自己，重新找類似的工作。

求職網站上的公司、職缺很多，她投出的履歷石沉大海，偶爾也有公司找她去面試，但面試後便杳無音信。轉眼兩個月過去了，她還沒有找到工作。這時父母和同學都勸她回老家，去報社或電視臺當記者或是編導。她固執地回絕了，也因此與父母的關係鬧僵。

她繼續找廣告方面的工作，與此同時，還得應付房租、水電、吃穿用度的費用。為了省錢，她搬過好幾次家，有一次身上僅剩 2,000 元。她用這 2,000 元生活了一個月，用饅頭、醬菜、白開水充飢。

這期間，她從手機群組裡得知，同班同學中有的已經做了記者、主持人、編導。她也曾經動搖過，可是她一想到要每天去做不喜歡的工作，她就咬牙堅持了下來。天無絕人之路，就在她只剩 100 塊錢時，接到一家廣告公司的錄取通知電話。她

很珍惜這份工作，每天加班到夜裡十一、二點。就在她的工作開始上軌道時，半年後公司倒閉，她再次失業。失業期間，因為沒有多少存款，付了房租後，她剩下的錢就寥寥無幾了。

當時正值嚴冬，她承租的地下室房間裡更顯寒冷。她平日晚間繼續上網投履歷找工作，白天就帶著饅頭去圖書館、去書店。她知道，要想把工作做好，就得抓緊時間進修相關的專業知識。

總之費了一番心思後，她終於找到了一份小公司做活動企劃的工作，她領的只是剛夠應付三餐的底薪，每晚加班寫企劃案。只要把自己的創意企劃案賣給客戶，她就能為公司帶來進帳，自己也能拿到較高額的獎金。

那幾天她為了推廣業務，便早早地來到客戶的辦公室外，一等就是幾個小時，好不容易碰面了，她才剛自我介紹完，對方就找個藉口離開了，她撰寫的企劃案都還來不及交給對方。但她不氣餒，厚著臉皮一再登門拜訪，最終這份毅力感動了客戶，兩個月後她簽了第一個客戶。就在她想大展身手時，公司的負責人居然捲款而逃了，她連底薪都沒有拿到。

為了生活，她開始和朋友合作在夜市擺攤賣童裝，她把那些招攬顧客的話術寫得像廣告詞一樣精彩、有趣。生意好的時候，她會把賺到的錢拿去買喜歡的書。

深夜回到家，她繼續閱讀廣告方面的書籍。

　　半年後，她在夜市擺攤時認識一位廣告公司的主管並且成為朋友。當對方知道她想從事廣告企劃時，便告訴她他們公司正在徵人。

　　於是，她結束了夜市擺攤的生活，進到這家廣告公司做企劃，沒有底薪，專案都得自己一個一個去拜訪推廣，雖然辛苦但卻不覺得累。由於機會難得，為了保住這份來之不易的工作，她更加倍的努力。可是四個月後，公司因資金周轉不靈而結束營運。她，再次面臨失業。

　　有了這次廣告工作經驗，她很快就找到新工作。當公司通知她錄取時，她上網查了一下這家公司的概況，發現這家公司的資訊少得可憐。為避免再像前幾家公司因關門大吉而導致自己失業的情況再發生，她第一次拒絕了這家公司的邀請。

　　她想：「我喜歡這個廣告產業，都堅持了一年多了，再次找工作時不能太倉促，我一定要找一家穩健、正派經營的公司。」雖然求職路上一路顛簸但她始終相信，經過自己的努力和堅持，未來一定會進入廣告公司，達到輝煌的業績。

　　這次她主動篩選公司，在向理想中的公司投履歷時，她查到了公司總經理的電子信箱，特地寫了一封誠懇、真摯的自我推薦信。

　　她在信中寫道：「我雖然不是廣告科系出身，但我相信，憑著我對這個產業的喜愛，再加上我多年努力不懈的堅持，我一定

能為公司創造出輝煌的業績，並且成就我對廣告產業的夢想！」

　　結果這家廣告公司的總經理破例親自打電話通知她來面試。面試時，她沒有像其他面試者參加初試、複試。而是直接由總經理面試，他們交談了三十分鐘後，總經理當場決定：「你明天就可以來公司上班了。」

　　於是，她在歷經多次失業後，重新回到了自己喜愛的產業中。這時的她，哪裡是把自己當員工，簡直就是把自己當成一個拚命的創業者，她有工作經驗，又自修過很多相關的知識，最重要的是，她對這個產業的熱愛和衝勁。

　　她做的第一個廣告文案，客戶滿意極了，一個字都沒有改。

　　一個月之內，她為公司做了十多個成功的廣告文案。

　　半年後，她三級跳升為公司企劃部門的總監。

　　她語重心長地說：「其實，在這個世界上無論任何事情，只要我們不懈地堅持，都會做得更好的。」在我們的人生道路上，總有一些階段是為了我們的成長帶來養分，而不斷地遭受生活中的一個個打擊，也許我們會過得狼狽不堪，會對自己失去信心，會想要放棄……此時有這些念頭是正常的，但請一定要堅持下去。

　　我們要始終相信，不管自己處境有多麼艱難，都要不懈地堅持下去，為了自己想要達到的目標全力以赴、不計後果地去體會一次瘋狂「賣命」的快感。

　　不要擔心會失敗，不要害怕沒有退路！只要我們心中擁有無限的熱情，只要我們堅持心中的信念，即使不能做出一番驚天動地的事業，也會為我們生命中帶來各種驚喜！

第五章　儀式感，
讓我們的生活擁有了目標和動力

不是你不夠努力，而是你沒有目標地努力

我的朋友小寧在主管與同事眼中，一直是一個很努力，但是工作效率卻很低的人。這讓她很是苦惱。

有一次，她向我談到她們公司的同事說：「新來的同事只要過了試用期，業績一定比她還好。」這讓她心裡很不平衡。

我說道：「這很好處理，這個月你就為自己設定一個目標來超越她。」

她不解地問：「定目標超越她？如何定呢？」

我解釋道：「你把一個月的四週，分成四個目標，第一週替自己定下目標，例如這週要談成幾個客戶？簽下幾個訂單？設定好目標後，你就為這個目標來安排，每天要找幾個潛在客戶？第一個目標完成後，再完成第二個目標，依此類推，當你把一個月四週的目標實現後，整體績效就不一樣了。」

她問道：「如果達不到、實現不了呢？」

我說：「既然定下了目標，就有了勇往直前的動力，不斷警惕自己一定要實現，這樣你才有熱情貫徹執行。」

美國十九世紀哲學家、詩人愛默生（Ralph Waldo Emerson）說：「一心朝著自己目標前進的人，整個世界都會為他讓路！」

在漫長的人生路上，我們需要設定好自己前行的目標，有了目標才有前進的動力，有了動力，我們才能激勵自己不斷地

向前衝。

一個老獵人有三個同是獵人的兒子，其中小兒子獵術高明、身手矯健。

有一次，父親帶著三個兒子在草原上打獵。他們在目的地開始行動之前，父親問三個兒子：

「在打獵之前，你們看到什麼了？」

老大第一個回答：「我看到了我們手裡的獵槍、在草原上奔跑的野兔，還有一望無際的草原。」

父親搖搖頭說：「錯。」

老二說道：「我看到了爸爸、大哥、弟弟、獵槍、野兔，還有茫茫無際的草原。」

父親仍然搖頭：「不對。」

小兒子望著草原上奔跑的野兔，回答：「我看到了野兔。」

父親高興地說：「回答得非常正確。」接著轉身對大兒子和二兒子說：「你們的弟弟之所以槍法精準，是因為他狩獵時對目標獵物定得精準，在他眼裡，只有野兔。」

這個故事的啟示，同樣適用於我們「管理人生」。我們在追求成功時，必須做到對目標精準地定位，例如你想在工作上獲得成就，得列出要達到的目標。

我公司的業務部門有八名員工，分成四個小組，兩個人一

組。這四組中，L 和 J 的小組每個月的業績都能達到 100 萬元的績效獎金。半年中，他們的績效獎金是其他三組的總和。

在會議中 L 分享道：「我們每個月都會定目標，例如這個月定的績效獎金是 100 萬，我們就朝著這個目標去做。有一次，都到月底 25 號了，我們只做了 50 萬，還有一半沒達到。目標就是方向，我們想盡一切辦法加倍努力。居然在當月的最後一天，成功地做到 60 萬元績效，比上個月超出 10 萬元。」

J 補充說道：「我覺得目標就像工作的指南針，讓我們清楚地知道怎樣工作，才能不偏離方向。只要方向一直是對的，我們就能順利地達到所定的目標。」

由此來看，我們定的目標愈精準，我們的動力愈大，未來也就愈美好。那些成功的人，就是因為目標定位精準，他們的付出跟收穫才能成正比。

我們很多人在日常生活中，喜歡幻想和憧憬所要達到的目標，每天想著那個虛無縹緲的目標，並不付諸行動。結果幾年後，你還停留在原地，你的目標早成為別人的勝利果實了。所以，一定要鎖定目標並付諸行動，這樣才能逐漸實現一個個具體的目標。

一場雪後，一位父親指著遠方的一棵樹對兒子說：「我們一起向著那棵樹的方向走，看誰的腳印走得最直。」兒子心想：「這很簡單，只要腳跟併腳尖一步步走，我贏定了。」

結果父親的腳印是筆直的一串，像是用機器壓製出來的一樣整整齊齊，而兒子的腳印卻歪歪扭扭不成樣子。兒子急忙追問父親原因。

父親說：「我在走的時候並沒看腳下，而是鎖定了那棵樹的位置，眼睛一直盯著那棵樹，這樣就很容易地走成了一條直線。」

的確，人一旦有了明確的目標，就有了奔跑的動力，才會在實現目標的道路上少走冤枉路。這就好比你要去超市買米，你一到了超市就會直接走向賣米的區域，很快就能買好回家。若你沒有事先設定購買目標，你去超市就會到處看看、逛逛，晃到賣米區才想起家裡缺米，這樣豈不是白白浪費時間？

幾年前，N 和 M 他們都想趁著年輕，找一份有助於實現夢想的工作。他們的夢想是創業當老闆。就在他們從名校畢業兩個月後，N 找好工作開始上班時，M 卻還在幾家大公司之間做選擇。

M 在一年後，終於找到理想中的工作，工作不到一年便辭職了。他說一旦實際進入工作，才發現這份精挑細選好不容易等來的工作，與想像中大不一樣，每天反覆做著同樣的工作，沒多久就覺得疲乏無趣、沒有挑戰性。一無聊就任性，然後就辭職了。

辭職後，因為嘗過工作的枯燥無味，M 再找工作時比第一

次更挑剔。幾年下來，他有了工作經驗，經歷也增長不少，終於在一家大公司安穩下來，現在是中階管理者。而 N 呢，早已經晉升到公司的總經理了。

N 在談他當年找工作時，就想找一份工作來訓練自己。他聽說業務工作最磨練人，就朝著這個方向來找工作。起初確實吃了不少苦頭，而他同學的工作都比較好，紛紛勸他轉行。但他想：「我未來的志向是自行創業當老闆，這點苦不算什麼。我在這家公司不能只把自己當員工。」

有了奮鬥的目標，他不再與任何人比較，並把工作中的壓力轉化為動力，等做出亮麗的業績後，公司替他晉升、加薪。再後來，他認為自己有能力獨自作業時，就乾脆辭職自行創業。

世界上最快樂的事，莫過於為夢想而奮鬥。但夢想的實踐，需要自己去經營。法國作家卡繆說：「對未來的真正慷慨，是把一切獻給現在。」所以，從現在起，為你的工作做個規畫，定個具體方向。

有了方向，無論你做什麼工作都不會再盲目，更不會有「坐這山望著那山高」的心理。當你在工作中有了方向，有了明確的目標，你的努力不會白白浪費。你會在堅持的過程中，等到助你前行的「風向」，然後送你快速到達終點。

方向對了，成功只是早晚的事

人生從選定方向開始，無論做什麼事情，只要方向對了，成功就是早晚的事情。否則，就會像一艘沒有航向的船，任何方向的風都是逆風。在人生的路上，你只有選對了方向，再細化前進的目標，按照設定的目標不斷前進，一步步踏實地走，成功就會在不遠的地方等你。

比塞爾是西撒哈拉沙漠中的一顆明珠，每年會有數以萬計的旅遊者到這裡旅遊。可是在一位探險家發現它之前，這裡還是一個封閉而落後的小村莊，由於這片貧瘠的土地長不出任何樹木，居住在這個地方的人辨不清方向，所以從未走出大漠。

後來，探險家用手語問當地人：「為什麼不去看看外面的世界？」每個人的回答都一樣：「從這裡無論向哪個方向走，最後都還是轉回原來出發的地方。」

探險家不信，決定從比塞爾向北走，結果三天半就走了出來。

「我三天半就走了出來，為什麼比塞爾人走不出來呢？」探險家感到困惑不解。為了釐清原因，他僱了一個年輕人，要他帶路。他們帶了半個月的水，牽著雙峰駱駝，探險家收起指南針，只拿了一根木棍跟在後面。

十天過去了，他們走了大約八百英里的路程，第十一天的

早晨，他們果然又重新回到比塞爾。此時，探險家才找到答案：「由於比塞爾人不知道北斗七星，所以才走不出大漠。」

在一望無際的沙漠裡，比塞爾又處在浩大的沙漠中間，方圓上千公里的沙漠沒有任何參考標的，若不知道北斗七星又沒有指南針，要走出沙漠的確是一件困難的事情。

探險家在離開比塞爾時，帶著年輕人並告訴他：「只要你白天休息，夜晚朝著北方那顆最亮的星走，就能走出沙漠。」年輕人照著去做，三天後果然來到了大漠的邊緣。

這位年輕人因此成為比塞爾的開拓者，他的銅像被矗立在小村莊的中央。銅像底座上刻著一行字：「新生活是從選定方向開始的。」

一個人的人生是否精彩，取決於是否選定方向。方向正確，你即便走得慢，也能獲得令你驚喜的成功；方向錯了，即使你走了一輩子，也可能只是原地踏步。這就是為什麼同樣是努力奮鬥，有的人在奮鬥多年後，能成為產業的菁英，甚至獲得非同凡響的成功。

在生活當中，我們要想獲得成功，必須學會在混雜、亂堆中建立起秩序來。就像探險家教導年輕人尋找「北斗七星」一樣。在茫茫的沙漠上，當北斗七星成為探險家前行的方向時，他辛苦的跋涉才不會徒勞無功。

我的表妹從小喜歡唱歌、跳舞的表演。有一次，她對我說

想參加電視臺舉辦的歌唱比賽。說實話，表妹從 3、4 歲就開始學舞蹈、音樂，在歌唱方面是有天賦的。只是上國中後，因為課業繁重，無法再像小時候那麼頻繁練習了。

「你是有些根基的，參加比賽不是還有半年時間嗎？你可以利用這段時間加緊練習啊！」我鼓勵著她。

「可是，我聽說這次參加的都是一些曾經獲獎、受過專業訓練的人，你說我會不會在初賽時就被淘汰了？」她有點擔憂地問我。

「你可以把這次比賽當作一次訓練，就以能進入初賽為目標來訓練。」我繼續說：「有了方向後，你在訓練時再為自己定幾個小目標，例如第一週，你要在發音上達到什麼程度；第二週，你要在歌唱技巧達到什麼水準……以此類推，相信六個月後，你能收到可喜的成績。」

她聽完便按照我的建議去規劃、練習。半年後，她在試唱時就展露出令人驚嘆的表現。正式比賽時，她不但順利地進入了初賽，並在複賽時也獲得了不錯的成績。

目標是需要分解的，一個人制定目標的時候，要有最終「總目標」，例如順利進入初賽，更要有明確的「階段目標」；例如在某個時間內發音、技巧要提高多少。最終的總目標是宏大的、較長期的，引領方向的目標；而階段目標就是一個具體的、有明確衡量標準的短期目標。

當目標被清晰地拆解了，目標的激勵作用就會產生了，當我們實現了一個目標的時候，我們就及時地得到了一個正面激勵，這對於培養我們挑戰目標的信心是會產生很大作用的。

我們要明白，一個人的潛力是無窮的，他真正的人生是從選定方向開始的。然而，在漫長的人生旅途中想要有所成就，除了要訂定方向，還要為人生的每個階段設定階段性目標。這樣才能在生活中建立秩序，找出一個正常的步調，制定一個個小目標。等這個小目標實現了，繼續實踐下一個小目標。為此，有人說，大成功是由小目標所累積而成的。

美國汽車大王亨利·福特（Henry Ford）在 12 歲那年，隨著父親駕著馬車到城裡，忽然看見一部以蒸汽做動力的車子，他覺得十分新奇，並在心中想著：「既然可以用蒸汽做動力，那麼用汽油應該也可以，我來試試看。」

雖然這是個遙不可及的夢想，但是從那時候起，他便為自己立下了十年內完成一輛以汽油做動力的車子為目標。

他告訴父親說：「我不想留在農場裡當一輩子的農民，我要當發明家。」

然後他離開家鄉到工業大城底特律去，從當一名機械學徒起，逐漸對於機械有了較深入的認識。工作之餘，他一直沒有忘記少年時的夢想，每天勞累地從工廠下班後，仍孜孜不倦地從事他喜愛的汽車研發工作。

29 歲那年，他終於成功了。在試車大會上，有記者問他：「你成功的因素是什麼？」福特想了一下說：「因為我有遠大的目標，所以成功。」

人生只有一次，我們不但要選對方向，還要儘早設定目標。只有確立自己的目標才有成就最好自己的可能。列夫・托爾斯泰（Leo Tolstoy）曾說：「目標是指路明燈。沒有目標，就沒有堅定的方向；沒有方向，就失去前進的力量。」

一個人要想成功，必須真正深入地分析自己的優勢、了解自己的喜好。一旦有了明確的人生目標，你再朝著一個方向持久地努力奮鬥，一定能夠獲得成功。一般來說，我們在設定目標時要重視以下四個因素：

一、清楚你想做什麼

只有清楚自己究竟想要做什麼事情，制定目標時才會準確、具體，讓你的目標有的放矢。

二、清楚你能做什麼

你不但清楚了自己想做什麼事情，還要清楚自己有能力做什麼事情，這樣你的目標才會與你的能力相符，實現目標的勝算更大一些。

三、結合願望、能力和現實

當你清楚了願望和能力後，還要與現實緊密地連結。有句話說：「理想很豐滿，現實很骨感」，說的就是這個道理。

四、懂得捨棄

實現目標的過程中，會不斷受到外來因素的干擾，這時你要學會適度的捨棄，並且抑制想知道一切、達到一切、擁有一切的貪婪欲望。

你對生活的品味，源自你擁有什麼樣的目標

在這個世界上，每個人的活法都不一樣。差別就在於每個人的生活品味不同，有的人喜歡粗茶淡飯的生活，有的人喜歡穿金戴銀的奢華生活……無論你喜歡過什麼樣的生活，都要與自己的實力、能力相符，這樣才會有幸福感。

我的閨密曉露，雖然每月薪資只有三萬，但她卻把生活過得很瀟灑，為了省錢，她經常自己動手製作各種小飾品，經常拿去網拍，每年網拍賺的錢都夠她外出旅行了。

平時，她還喜歡自己下廚做菜，每天早上起床準備早、午餐；除此以外，她的一雙巧手還能把舊衣服改一改款式，就變成了時尚的新衣服。

曉露進入職場工作五年，存款差不多快十萬了。她的生活

品質也很好，工作之餘常是讀書、旅行、寫作等。她說：「我的生活目標就是少花錢，多花心思，過精緻有品味的生活。希望在未來幾年內，把自己的經歷寫成一本書。」

一年前，曉露把自己多年來寫的一些生活體驗、感悟心得，整理後投給一些文學網站，居然也收到一些稿費。現在她又有了新的目標，爭取五年內出版一本屬於自己的散文集，不是為了賺錢，只為了紀念歲月裡堅強的自己！

我相信只要曉露不改初衷，她很快就會實現目標的。

常聽人說：「你擁有什麼樣的目標，就擁有什麼樣的人生。」所以，你今天站在哪個位置並不重要，但你下一步邁向何處卻很關鍵。

人要有一生的目標、一個時期的目標、一個階段的目標、一天的目標、一週的目標、一月的目標、一年的目標。一位哲學家說過：「偉大的目標構成偉大的心靈，偉大的目標產生偉大的動力，偉大的目標形成偉大的人物。沒有遠大的目標會使人失去動力！沒有具體的目標會使人失去信心！」

唐太宗貞觀年間，長安一家磨坊裡有一匹馬和一頭驢子。馬負責在外面拉貨品，驢子負責在屋裡推磨。貞觀三年，這匹馬被玄奘大師選中，出發經西域前住印度取經。 十七年後，這匹馬馱著佛經回到長安。當地重新回到磨坊見驢子時，老馬娓娓道來這次旅途的經歷：「浩瀚無邊的沙漠、熱海的波瀾……」

驢子聽得入了迷，不由得驚嘆道：「你有多麼豐富的見聞呀！可是那麼遙遠、艱辛的路程，我連想都不敢想。」

老馬說：「其實，我們走過的路程長度是大致相同的，當我向西域前進的時候，你一步也沒停止。不同的是，我和玄奘大師朝一個遙遠的目標，按照始終如一的方向前進，所以我們開啟了一個廣闊的世界。而你被矇住了眼睛，一生就只能繞著磨盤打轉，所以永遠也走不出這狹隘的天地！」

曾橫跨歐亞非三大洲的亞歷山大大帝（Alexander the Great）說：「基本上，一個人能成為什麼樣的人不在於他出身如何，而要看他如何造就自己。」造就，是指我們對自己人生的規畫。大部分成功者，在分享成功經驗時，他們說得最多的一句話就是：「在做事情前，我會為自己定好明確的目標。」

人生如大海航行，人生規畫就是人生的基本航線，有了航線引導，我們就不會偏離目標，更不會迷失方向，才能更加順利和快速地駛向成功。好的人生離不開好的規畫，成功人生更離不開成功的規畫。

規畫的好處就在於，我們絞盡腦汁地為要做的事情制定目標時，這會讓我們在做事情時不至於被動。更為可喜的是，有了目標，我們會為自己的理想而努力，對於自己理想以外的事情不會過多關注。因此，想創業的人真的成了企業家，想當作家或是畫家的人，也有可能讓夢想成真了。這就是目標所發揮的作用。

微軟公司的創辦人比爾蓋茲（Bill Gates），小時候是一個聰明好學的孩子，特別喜歡讀書，記憶力非常好。1967 年，蓋茲進入著名的私立中學湖濱中學就讀。這所中學在 1960 年代就購置了一臺電腦，是美國早期擁有電腦並開設電腦課程的中學之一。

1968 年，當比爾蓋茲在湖濱中學第一學期期末時，學校開設了電腦課程。有一次，老師帶領全班同學參觀電腦教室，在老師的督導下，蓋茲在電腦上輸入了幾則指令，這臺電腦馬上與幾公里以外的另外一臺電腦接通，並且回饋資訊立刻傳送過來，蓋茲被電腦這個神奇的魔力迷住了。沒過多久，蓋茲就開始學習編寫、設計程式。

由於當時美國的電腦產業發展迅速，蓋茲和他的好朋友艾倫（Paul Allen）在湖濱中學時，就具備了電腦的相關知識，他們的程式編寫小組在教師中已相當有名氣。中學畢業後，蓋茲上了哈佛大學，艾倫則在波士頓找了一份程式設計師的工作。1975 年 2 月，他們完成了第一套微電腦程式的開發。蓋茲和艾倫開發的 BASIC 語言程式，在 1970 年代已達到了相當高的水準，不僅使用方便且不會一錯再錯，而且也不易引起電腦當機。在此後的五、六年間，這套程式一直在市場上居於領先地位。

關於這套語言程式，蓋茲曾經說：「這是我人生最關鍵的時刻，我已確定了今後的發展方向。」有了發展目標，就開始為實

現發展的目標而努力吧！

1970 年代中期，當時很多人認為微電腦頂多只算是一種玩具，但蓋茲和艾倫卻看到了這種「玩具」所蘊含著的龐大商機，因為它可以提供使用者極大的便利性，同時它也可以為製造商們帶來豐碩財富。這種超越於時代的想法使蓋茲和艾倫邁出了發展的第一步，也是最重要的一步。1975 年 5 月，兩個年輕人對全球電腦產業的發展做出了關鍵性的決定，在亞帕克基市創立微軟公司，為各式各樣的電腦提供軟體。隨後，蓋茲為了盡快實現自己的人生目標，又做出了一個重要的決定：從哈佛大學退學自主創業。

我們單就他們在萌生創業夢想的階段來說，當他們確定了自己的發展目標，就開始朝著這個目標去努力，當然包括蓋茲從著名的哈佛大學退學。他把人生所有的「籌碼」都押上了。

由此來看，我們制定了什麼樣的目標就決定了我們人生的軌跡，目標會成為我們的動力，促使我們向前進。所以，一定要有遠大的目標，只有這樣才有成就大事的可能，只有小目標、小確幸的人是無法成就大事的。

諾貝爾文學獎得主蕭伯納有一句名言：「明白事理的人使自己適應世界；不明白事理的人，想使世界適應自己。」人生就是在這種不適應中調整自己使之適應，在發展適應的過程中持續前進的。在人生的每一次迷失中，可能會遠離我們的人生座標

軸。問題在於，我們要學會在遠離目標前，妥善成就自己、創造有利條件，使之接近目標。

美國作家梭羅說：「一棵樹長到一定的高度，才知道怎樣的空氣更適合。」人也是如此，在人生的道路上，重要的不在於你目前所處的位置是多麼卑微，或者從事的工作多麼微不足道，只要你強烈地渴望攀登成功的巔峰，並願意為此付出艱辛的努力，那麼總有一天你會喜笑顏開、如願以償的得到成功的果實。

即使你的目標是做天上的星星，就算落入凡間起碼也比樹高。上天對我們每個人都是公平的，但為什麼絕大多數人會平凡一生？其中最大的原因就是因為從來不為自己的人生制定目標，過著得過且過的生活。即使偶爾心血來潮制定目標，也會為自己尋找各種藉口妥協、放棄。正是由於不制定目標、輕易放棄目標，才讓我們跟成功者之間有了差距。

目標帶給我們的好處，就是讓我們擁有奮鬥的持續動力。無論在什麼情況下，如果不能確定一個核心的目標，如果不能朝著這個核心目標的方向努力，那最終的結果也就只能是失敗。只有在確定了核心目標之後，不斷地朝著這個既定的奮鬥方向努力，事情才有成功的可能，這也是所有在各個領域獲得成功的人，之所以成功的先決條件！

你有能力和目標，為什麼還過得碌碌無為

有很多網友在我的平臺留言：

「我在這產業打滾了十幾年了，能力也好，可為什麼我就無法出人頭地呢？」

「我畢業後的目標，就是在三年內達到年薪百萬，我很辛苦也很努力，可是我工作都八年了，還過著這種沒有未來的日子⋯⋯」

「我的同學能力還沒我強，但他都創業兩年了，我還在公司當上班族⋯⋯」

每次看到這些網友的留言，我真的不知道該怎麼回答。的確，在我們身旁經常看到有一些人明明很努力、很認真，可生活還是過得庸庸碌碌。

為什麼會這樣呢？

歸結原因還是在於我們自己，因為我們忽略了對生活的儀式感。

前面曾提到有儀式感的生活，必定是用心、專心去生活的。假如我們制定了目標，我們能夠專注地、始終如一地去努力和堅持，姑且不論你有沒有獲得成功，但絕對不是現在這樣自怨自艾、碌碌無為的狀態。

當你下定決心設定目標時，就不要再瞻前顧後、不要計較

得失、不要理會別人的眼光、不要羨慕別人的成就，不要讓外在的人事物干擾、阻礙你前往成功的路上。你就是你，是任何人都無法取代的。

這就好比：如果你是一隻雄鷹，就不要在乎麻雀怎麼看你。因為雄鷹飛行的速度、高度、力度、角度，麻雀牠看不見也看不懂。麻雀只會根據自己的能力衡量雄鷹，麻雀怎麼會知道雄鷹要飛向哪裡，去向何方呢？所以人生最重要的是認識自己，知道自己的目標、方向和實力，而不要在乎別人如何評價你，你只要極盡地努力到無以倫比，奮鬥到感天動地，愈努力愈幸運！

羅伯（Rob Cohen）是一名電影製片人，在他創業之初，他的事業發展一直一帆風順。但是他認為做製片人還不能充分發揮自己的才能，還不能完全激發出自己的潛力。他始終認為在好萊塢最大的榮耀應該屬於導演。於是他真的就著手籌備導演了一部電影，結果票房收入低到慘不忍睹。經過這次失敗，連他自己都承認作為導演的自己，受歡迎程度根本不能與原先做製片人的自己相提並論。從此之後，潮水般的失敗接二連三地向他湧來。

首先，他新製作的電影遭受挫敗。不久，朋友遠離他、妻子拋棄他……，真是眾叛親離，好像一夜之間所有不幸都臨到他身上。羅伯承受不了這種重大壓力，而從加州逃到了紐約，在大都市中過著隱姓埋名的生活，他瘋狂地尋找新的生

機……。一敗塗地的他曾經沮喪的說：「我完全垮了。」

　　儘管羅伯片場經驗豐富且十分努力，但也沒能夠逃脫失敗的結果。為什麼會這樣呢？關鍵不在於他沒有目標，而在於選擇的目標並不適合他。世界上許多人之所以遭受失敗，不是沒有能力，而是因為選錯了目標又沒有適時調整。生活周遭像羅伯這樣選錯目標導致失敗的人還真不少。其實，只要認清自己，知道自己想要什麼，並且適合做什麼，然後及時修正自己的目標，找到適合自己的正確人生方向，成功離你其實並不遠。因此，要想成功不僅要懂得努力，還要有適合且正確的方向，否則會因為選錯目標，造成愈努力，離失敗愈近，離成功反而愈遠。

　　在很長的一段時間裡，羅伯就獨自一人待在紐約的小套房裡，他整天不自覺的陷入苦思、冥想中。就在這種思想狀態下，一個新的計畫又在他腦海中誕生了。不久，他又勇敢地回到了洛杉磯，回到這個曾讓他享譽盛名也讓他身敗名裂的地方。不同於失敗前的高傲，這次他抱持著從未有過的謙卑感回去了。正視失敗就是要做好一切都得重新開始的心理準備。羅伯拋棄過去的功過與得失，放下身段和自尊，一切歸零，從基礎工作開始。

　　一個人的目標愈是遠大，為達此目的就愈要持續付出加倍的努力。但是有些人經過一段時間努力，如果離終點仍然很

遠，他們就難免洩氣、失意。「目標雖然還沒達成，但能到目前這樣也就可以了，曾經努力過就算了吧！」人們常常因路程艱困、遙遠，而選擇半途而廢，但是這樣一來所有的努力都前功盡棄了。

從心理學的角度看，如果達到目標的過程太長，也就是說，設定的目標過於遠大，很容易在中途就遭遇挫折而放棄。

1952 年 7 月 4 日清晨，加州海岸湧起了濃霧。在海岸以西21 英里的聖卡塔利娜島上，一名 43 歲、名叫弗洛倫絲‧查德威克（Florence Chadwick）的女人正準備從太平洋游向加州海岸。當天的海水凍得她身體發麻，她幾乎看不到護送她的船。時間一小時一小時地過去，數萬人在電視上關注著她橫渡海峽的壯舉。甚至有幾次鯊魚靠近她了，被人開槍嚇跑了。

十五小時後，她又累又凍得發麻。她知道自己無法再繼續游了，就叫人拉她上船，她的母親和教練在另一艘船上告訴她距離海岸很近了，叫她不要放棄。但她朝加州海岸望去，除了濃霧什麼也看不到……其實她上船的地點離加州海岸只有半英里！

事後她說：「令她半途而廢的不是疲勞，也不是寒冷，而是因為她在濃霧中看不到目標。」

這個事例強調的是，目標要看得見、碰得著，才能成為一個有效的目標，才會形成動力，幫助我們獲得自己想要的結果。

　　實際上，制定目標是一回事，完成目標又是另外一回事。制定目標是明確做什麼，完成目標是明確知道該如何做。與其幫自己制定一個高目標，不如根據自己的實力，為自己制定一個合適的目標最重要。

　　幾個人在湖邊釣魚，好長時間都沒有人釣到魚。突然，其中一名垂釣者竿子一揚，釣上一條大魚。就在大家驚詫之時，卻見釣者解下魚嘴內的釣鉤，順手把魚扔回湖裡。

　　「不會吧！這麼大的魚都不想要？」有人小聲驚呼。

　　「人家的目標或許是更大的魚呢！」另一個人回答。

　　大家靜等著看釣者釣大魚。過了一會，只見釣者又釣到一條比剛才還要大的魚，他想都不想又把魚扔到湖裡了。釣者第三次釣的魚是一條不到三十公分長的小魚，就在大家感到惋惜之時，只見釣魚者把魚從鉤上解下，滿意地放回自己的魚簍中。大家對此百思不解時，有人忍不住問：「你為什麼不要大魚，而要小魚呢？」釣者回答：「哦！是這樣的，我家裡最大的盤子只能裝得下這樣的小魚，太大的魚釣回去盤子放不下。」

　　這個故事從另一個角度，很貼切地詮釋了適合的目標對每個人的重要性。在人生的道路上，目標不分大小，貴在找到適合自己的目標。否則，將永遠於不滿意的情緒之中掙扎。

　　我們制定的目標和自己的實力相符，會讓我們的每一天都會過得非常充實，當我們接近自己的目標時，就像跨過了一座

小山。小小的成就會讓我們對自己充滿信心，能有動力繼續往前邁進。

看到這裡，你可能會問：「與自己實力相符的目標，很快地達到後，不就沒有了鬥志嗎？」

這個問題很好解決。我的經驗是制定等級不同的目標，就是一個目標比一個目標大，即初階目標—中階目標—高階目標。

制定等級適宜的目標後，會讓我們的目標更加明確，精力更加集中，隨著一個個目標的實現，不但會讓我們收穫成功的喜悅，還會激發鬥志。所以，英國戲劇家莎士比亞（William Shakespeare）曾提醒人們在任何時候都要為自己未來的發展定下明確的目標，然後再朝著這個方向踏踏實實地不斷努力，只有這樣才能獲得成功而不是紙上談兵。

當你實現目標後，一定要及時犒勞自己、獎勵自己，再向下一個新的目標前進！

對於發展目標的制定，有一點很重要：你的發展目標一定要盡可能地具體，否則你就無法衡量它是否能實現？已經實現了多少？這些都會降低你努力前進的積極性。所以，一定要盡可能具體地制定發展目標。

當你制定具體的發展目標以後，目標就會在你的生活中發揮很大影響力。它會成為你努力的方向，就像長跑運動員面對的一個個里程碑。隨著你努力去實現這些目標，隨著小目標的

一個個實現，你將會有一種成就感，而這種成就感會促使繼續向新的目標衝刺。隨著「終極目標」一點點的接近，將會發現具體的「發展目標」讓你更具活力、更加積極，也更接近成功！

我們在制定目標時，務必要注意以下兩點：

一、要有明確的目標

當我們專注於一個目標時，生活會變得簡單而快樂，我們可以忘掉很多不必要的煩惱，因為我們已經把所有的時間和精力，用於實現我們的目標上！當你行動時，你會更有力量！

二、目標不可定得太高

一旦目標定得太高、實現不了時，會讓你感到力不從心，反而降低你的自信心。但也不能定得太低，太容易實現目標也沒有成就感！要有一定的挑戰性，又能給你希望去征服，這樣你能完成心願，能力又得以提升！一次不要有太多的目標，要一口一口地去「吃」。

只要信念不垮，再灰暗的生活都有希望

對於我們每一個人來說，信念是最重要的，只要具有堅定不移的信念，再灰暗的生活都會出現一道曙光。在崎嶇坎坷的人生旅途中，只要信念不垮，我們的希望就會一直存在。

　　在一次業界活動中，有幸與幾位金融大亨交談時，發現他們有一個共同點，就是不管遇到多麼大的困難，他們從不抱怨，而是堅定地朝著既定的目標奮鬥。

　　S 是金融界中的翹楚，他所投資的公司或企業都能在幾年內帶來幾倍甚至是幾十倍的報酬。在說到以往的創業經歷時，他謙虛自嘲地說：

　　「我初次創業是做珠寶生意。當時沒有經驗，差點讓我丟掉生命。先是經歷了引進假貨而賠了幾百萬，那可是我的全部家當，外加親戚朋友湊出的、銀行貸來的。被騙當下，我整個人沒有了知覺，開著車來到水庫旁，猶豫著跳不跳？在那裡傻傻地待了一整天，終究沒有跳下去。不跳的理由是，活著、堅持著、幻想著，希望還是有的。」

　　S 垂頭喪氣地離開水庫回到店裡，他重整殘局拿起那幾百萬的假貨，把玩一番，他對自己說：「下次，我不會再犯錯進假貨了。」

　　幾天後，警察局電話通知他，抓到了賣他假貨的騙子，並鄭重地告訴他：「貨款只能追回一部分……」

　　他放下電話，一個人在店裡放聲痛哭。

　　「幸好我沒死，天無絕人之路。老祖宗的話是真理啊！」他邊哭邊對自己說：「以後無論在什麼情況下，只要信念不垮，我就有東山再起的希望。」

雖然那次只追回了三分之一的貨款，但足夠他重新開始了。對於當時的他來說，不管有沒有錢，他都不會放棄的。但在後來第二次創業過程中，他經歷了比這一次更慘的情況，但已有慘痛經驗的他，在痛苦的掙扎中，首要事情就是咬緊牙關，奔向既定的目標。

「目標是希望所在，堅定的信念是不放棄的理由。信念在，即便心靈經歷一次次無情的打擊，都不會打垮我的。所有當下的痛，天亮後就消失了。」他如是說。

與 S 比起來，企業家 G 的創業史就更顯傳奇了。

G 是公家單位的公務員。在 1980 年代，年紀輕輕的他，每個月拿著不錯的固定薪資。但他不甘心一輩子就這樣讓國家養著，於是毫無懸念的辭職。在那個年代，公務員就是「鐵飯碗」，很令人羨慕的，幾乎沒有辭職的人。

G 創業的第一桶金是 50 萬。在那個每月薪資只有幾萬元的年代，這 50 萬無疑給了 G 更強的動力和膽量。他不僅擴大經營還成立了投資公司。幾年後，他因為管理不善，公司險些倒閉，員工紛紛離去，他揹著百萬債務，苟延殘喘的撐著小公司。

「我那時是完全可以關掉這個每月租金不菲的公司，但我不能，即便只剩我一人的公司也可給債主帶來安全感，更重要的是，這個需要我為找錢發愁的公司是我堅持下去的動力。」他緩緩的說道。

那段負債累累的時間，他一個人身兼數職，在全國各地跑業務，住最便宜的飯店，吃最便宜的湯麵。企圖心旺盛的他，在第二次創業成功後，又到國外成立了分公司。

把 G 第三次打倒的是他的一位朋友。這一次的磨難是常人難以承受的。

他的朋友請求他牽線幫一個國外公司做專案，朋友匯款給對方公司後，對方公司卻一再延遲發貨時間。由於那筆貨款金額龐大，朋友若再等下去，公司將面臨破產。於是朋友就把他從國外「騙」回國，最終檢查機關以「詐騙」罪判他十三年。

他忍著旁人的誤解、屈辱，被關在監獄裡的他，一邊寫信申訴、一邊讀書、訓練體能，準備出獄後東山再起。七年後，他因獄中表現好，也因證據不足，提早釋放出來了。出獄後的第二個月，他就回到那個讓他栽跟頭的國家去重新創業，用貸款來的資金登記了公司，準備重振旗鼓、大幹一場。

「七年時間，外面社會變化快速。我對市場的熟悉度、敏感度也差了。但我相信只要對自己有信心，就能從中尋找破解困難的方法。我一定會做得比以前更加成功的。」再次創業中，他為自己和公司制定了不同的目標，並告訴自己：「在一年內，我若達不到自己的目標，絕不罷休。」

有了目標，他有了奮鬥的方向；有了目標，他有了壓力；有了目標，他動力十足。兩年中，他遇到過很多困難，都被他

輕而易舉地化解了。

隨著公司不斷地擴大，現在已經成為擁有數十個子公司的集團。身為董事長的他資產上億。他說：「對我來說，錢就是一個數字。我每天為什麼還要辛苦工作，是因為我有了新的目標，並且堅信自己一定能夠實現。」

成功者和普通人一樣，他們也喜歡制定目標；成功者和普通人一樣，在生活、工作中遇到的挫折也是接連不斷的……為什麼他們最後的結局與普通人就是不一樣呢？答案很簡單，因為他們一旦擁有堅定的信念，在確定目標後，就擁有了不達目標不罷休的決心。

有人說，成功者是不願意把真話講出來的。所以，成功是不可複製的。我想，並非他們不願意講真話，而是每個成功模式都是根據自己量身訂做的。他們即使說出來，也不一定適合你。但有一點是共通的，他們在失敗或遭受挫折時，所採取的應對方式是我們可以學習的。

人是自然界最偉大的動物，無論哪一個人，無論現在他在做什麼，他都是獨特的、唯一的。他有自己的思想、主宰自己的行為、決定自己的未來。

當我們失意時，根本用不著沮喪，只要你有目標，就有了奮鬥的方向；只要你有目標，就有了堅定無比的信念；只要信念不垮，希望就像黑夜中的星星，為你照亮前方的路。即使你

遭遇再多的困難，都不會停止前進的步伐。

只要心中有目標就有信念，有信念就有希望，無論遇到什麼事情，都不會輕易放棄。

生下來就一貧如洗的林肯（Abraham Lincoln），終其一生都在面對一連串的挫敗，八次競選八次落敗，兩次經商失敗，甚至還精神崩潰過一次。好多次他本可以放棄，但他並沒有如此，也正因為他沒有放棄才成為美國歷史上最偉大的總統之一。以下是林肯進駐白宮前的履歷：

西元 1816 年，他的家人被趕出了居住的地方，他必須找工作來撫養他們；西元 1818 年，母親去世；西元 1831 年，經商失敗；西元 1832 年，競選州議員但落選了；西元 1832 年，工作也丟了，想就讀法學院，但進不去；西元 1833 年，向朋友借錢從商，但年底就破產了，接下來他花了十六年，才把債還清；西元 1834 年，再次競選州議員，贏了！

西元 1835 年，訂婚後即將結婚時，未婚妻卻死了，因此他的心也碎了；西元 1836 年，精神完全崩潰，臥病在床六個月；西元 1838 年，爭取成為州議員的發言人，沒有成功；西元 1840 年，爭取成為選舉人，失敗了；西元 1843 年，參加國會大選落選了；西元 1846 年，再次參加國會大選，這次當選了！前往華盛頓特區，表現可圈可點；西元 1848 年，尋求國會議員連任失敗了！

西元 1849 年，想在自己的州內擔任土地局長的工作，被拒絕了！西元 1854 年，競選美國參議員，落選了；西元 1856 年，在共和黨的全國代表大會上爭取副總統的提名，得票不到一百張；西元 1858 年，再度競選美國參議員，再度落敗；西元 1860 年，當選美國總統。

此路艱辛而泥濘。「我一隻腳滑了一下，另一隻腳也因而站不穩；但我喘口氣告訴自己：這不過是滑一跤，並不是死去而爬不起來。」—— 林肯在競選參議員落敗後如是說。

為自己定一個目標，就讓自己有了堅強的理由。目標在，信念在，希望也在，有希望就有成功。每天給自己一個希望，就是每天給自己一個目標，給自己一個信心，給自己一點激發生命熱情的催化劑，給自己人生一個美好的支撐點。影響我們人生的絕不僅僅是環境，其實是心態在控制一個人的行動和思想。同時，心態也決定了一個人的事業和成就甚至一生。

訂好計畫，從容地向前走

在社群媒體上，經常有朋友留言給我，向我訴苦尋求幫助，大致歸納如下幾件事：

「我後悔了，我不該來臺北的，也許當初和男朋友一起去了高雄，現在一切都不一樣了。」

「如果再給我一次機會，我面試的時候一定不會說那句話的。」

「我很迷茫，我到底該不該回老家接受我爸媽的安排？」

……

說實話，對於這些留言，有時我真的不知道該如何回答。

知名教育培訓機構的創辦人曾經說過：「人生沒有設計，你離挨餓只有三天。」這句話雖然聽起來有些誇張，但在競爭如此激烈的當今社會，「人生計畫」已經是毋庸置疑的幸福之道了。

令人遺憾的是，我們大部分人是沒有按照自己的意願生活的。說到這裡，我想起了哈佛大學的一個心理實驗。

在二十世紀中期，哈佛大學著名的社會學教授對即將畢業的 1,000 名學生做了一個訪談，問題很簡單：「你對自己未來的人生有什麼規畫？」訪談結果是，只有不到 4% 的學生對自己人生有明確的規畫，大約還有 16% 的學生雖然有規畫，但是目標不是很明確。

三十年後，這位教授又訪問了當初的這些學生，其中 35 名學生由於特殊原因聯繫不上，其餘的學生都聯繫上了，教授針對他們的健康、家庭、事業、情感、財務等多項指標的統計，發現一個很有趣也很驚人的結果。

實驗結果，有明確規畫的那 4%，在以上各項指標的分數都是最高的。他們不僅身體健康、家庭美滿、事業成功，更令人

羨慕的是，他們財務自由。

而 16% 的那些人成為各個產業中的專業人士，雖然薪資高，但是其他方面多少都有些不如人意，最大的特徵就是身心疲憊。

在這個實驗中，所占人數比例最大的，是那些沒有任何規畫的人，這些人占了 80%。這些人通常在工作幾年之後，有些存款就不想再努力了。因此，他們大多數都是平凡的員工，沒什麼超凡的成就，甚至還有人靠政府的救濟金過生活。

可見，就算是哈佛大學畢業的高材生，也不見得人人都能成功，更何況是我們這些普通人。相信我們每一個人都想成為那 4% 的幸福之人，但我們有跟他們一樣明確的人生規畫嗎？

所以，我想告訴大家的是：這個社會很現實且殘酷，沒有計畫的人往往被淘汰掉，而用心規劃的人生才更容易幸福。

我在公司培訓員工時，經常會看到許多職場新人在剛開始工作時，主管安排什麼就做什麼，不為自己制定任何計畫，彷彿上班不是為了自己，而是為了主管。過了幾年，意識到計畫的重要性，於是在制定計畫時反覆思考，把計畫做得非常詳細。

有一次，一個員工把他的計畫拿給我看時，發現他一年列舉了好幾個目標，而且都是結婚、買房、買車、升遷這樣的大目標。他告訴我，他每天早上一睜開眼，這幾個目標就闖進他的腦海裡，讓他感到壓力非常大。一年下來，他的確獲得一些小成就，但生活得毫無幸福可言。

　　我認為在制定年度計畫時可以為自己定下 3 ～ 5 個目標，但對於完成的時間及情況不要寫得那麼明確。

　　想賺一千萬和想賺一億的人，他們賺錢和花錢的方式肯定不一樣；想攻讀博士學位的人和大學畢業就想踏入職場的人，在資質上肯定有所差別。這個差距，就是我們是否對人生有計畫。當我們有了計畫，才會按照自己設計的路，一步一腳印地持續走下去，我們的人生才不會迷茫。

　　關於如何為我們的人生制定計畫，一些個人的淺見也許能幫助你：

一、制定年度計畫

　　我們可以把一年的目標寫下來，可以當成手機螢幕，可以用便利貼貼在電腦前，時刻提醒、督促自己去完成目標。

　　在一年的時間裡，一個人會有很大的改變。簡單地說，我們想在接下來的一年裡達到怎樣的成就？需要提醒大家的是，我們只需要寫下自己想做的事，對於每件事需要完成的時間及數量，不需要寫得很明確。例如 2019 年我為自己訂的計畫是出版一本教人如何幸福的書，並帶它去和全國各地的讀者見面；和女兒一起旅行一次。

　　但在制定這兩個計畫時，我不會預設這本書要達到多少的銷量，影響多少人；和女兒去哪裡旅行、去幾天……要明白，

生活充滿了各種可能性，計畫趕不上變化，所以我們的目標要隨時調整。如果實踐的過程中出現了一些小插曲，我們也有時間緩衝。

二、制定季度計畫

每個公司都有季度財報，我們也要替自己做一個季度報表。內容可以自己制定，例如體重減少幾公斤，存款增加多少，和朋友聚會幾次，讀幾本好書等等。例如我計劃和家人一起旅行，當我做好一切行程規畫後，就要開始存錢了，每個季度存多少都要寫進計畫裡。如果我們覺得一次制定四個季度的計畫有點太麻煩了，那不妨先做第一個季度，先把第一個季度的計畫確定完成，後面的就輕鬆多了。

三、制定二十一天計畫

人和人之間之所以有差別，是因為我們的行為習慣不一樣。二十一天可以養成一個習慣，二十一天可以幫我們全面提升素養。二十一天計畫其實是季度計畫的分解版，不喜歡季度計畫的讀者，不妨試試這個辦法。

四、一週計畫

制定週計畫相對來說比較簡單，制定週計畫一定注意勞逸結合。我們可以按照這個結構來制定計畫：讀書時間、體能訓練時間和社交時間。

寫下本週必須做的事情，例如會議、聚會、訓練等等。

在安排其他工作之前，先把娛樂、聚餐的時間預留出來，以免計畫衝突。看書、進修等提升自己的時間一定要安排。

如果是學生，可以去規劃課餘時間。

對於上班族來說，工作時間通常是八小時，下班回到家差不多已經八點左右了，這時再進修的效果一定不好。如果這些計畫不是自己真心想做的事情，那麼當我們下班回到家後就直接「躺平」了。

最後我想說的是，制定計畫是為了讓我們的生活更充實、更有意義，而不是被計畫束縛。所以，制定計畫的時候要預先留出娛樂、休閒時間，例如看電影、去 KTV 唱歌、讀書、聚會等等。

請相信「美好的人生是計劃出來的」這句話，從現在開始，為自己制定可行的計畫，朝著美好的人生穩步前行！

不行動，你拿什麼秀你的青春

現代社會因網際網路的出現，取代了傳統通訊工具，特別是有了手機社群軟體後，大家都變得更懶了，懶到連電話也不想打了。不過，在社群中發訊息、留言，大家倒很積極。

因為很少見面，我們可以從社群軟體中發現朋友們的生活

狀態，看似生活過得豐富多彩、愛讀書、愛旅行、愛熬夜加班等，總之他們是努力奮鬥的人。雖然他們的社群軟體中呈現出一副青春、充實、精彩的模樣，可當見到他們本人後，就會發現其實還是老樣子，社群軟體中的模樣只是一個假象。

俄國作家高爾基（Maxim Gorky）說：「在生活中，沒有任何東西比人的行動更重要、更珍奇了。」世界上的人無外乎有兩種：一種是一旦擁有美好的理想就立即行動的人；另一種則是想了又想卻不停觀望的人。在這兩種人中，成功比較青睞於第一種人。因為一個從來不行動的人，再完美的計畫也只能是鏡中花、水中月，唾手可得又不可得。

有兩個人相伴一起去遙遠的地方尋找幸福快樂的天堂。一路上，他們不停地想像著天堂的美景！

然而，就在他們即將到達天堂的時候，突然被眼前的一條大河擋住了。當時颳著大風，河中風浪很大。究竟要怎麼渡過這條河，一個人建議立刻採伐附近的樹木，造一艘木船渡過河去；另一個人卻認為這種方法很辛苦，而且也不安全，不如等這條河水流乾了，再輕輕鬆鬆地走過去。

提議造船的人覺得等待河水流乾，不太實際。於是，他立刻採取行動開始造船，先砍伐了樹木，積極地製造船隻；而另一個等著河水乾涸的人，每天做的事情就是休息、睡覺，然後到河邊觀察河水流乾了沒有。讓這個人失望的是，河水沒有一

點消退的情況。

幾天後，提議造船的人把船造好了，就揚帆起航順利地到達了幸福的彼岸，而那一個等河水乾涸的人卻失望了。由於他一直沒有等到河水乾涸的那一天，所以，也就與天堂擦肩而過了。

這個寓言故事告訴我們，成功始於行動，如果沒有行動，再完美的想法都是零。有一句格言說得好：「幸運之神會眷臨世界上的每一個人，但是如果這個人沒有準備好迎接她時，她就會從門縫溜進來，然後從窗戶飛出去。」 一個人要想成功，就必須用實際行動來說話。請記住，在人生之路上，我們不但需要一對幻想的翅膀，更需要一雙踏踏實實的腳！

然而，在日常生活中，我們經常遇到這種「敢想」卻不行動的人。他們把計畫說得天花亂墜、妙不可言，可就是不付諸實行、不採取行動。為此，有人形容這類的人是「語言的巨人，行動的矮子」。

真正的成功源自行動，永遠不可能被觀望者、幻想派所擁有。或許一次、兩次可以僥倖得之，但它最終垂青的必然是那些大膽行動者。很多成功人士都告訴人們，要獲得成就必須從行動開始，要勇於邁出去。

身高只有 145 公分的原一平，雖然貌不驚人，但在日本的人壽保險界，卻是一個聲名顯赫的人物。原一平的一生從被鄰

舍親友公認為無可救藥的「小太保」，到日本保險業連續 15 年全國業績第一的「推銷之神」，其經歷堪稱傳奇。據說他在最窮的時候，沒錢吃飯、沒錢坐公車，最終憑藉自己的毅力，成就了自己的事業！

對於原一平的成功，很多人都很好奇，許多公司還請他去演講，來介紹成功的經驗。有一次，69 歲的原一平應邀到一家保險公司做公開演講。在演講會上，有很多聽眾問他推銷成功的關鍵是什麼？

他沒有回答，而是當場把鞋襪脫掉，讓臺下的聽眾派一個代表到講臺上來。聽眾代表上臺後，他接著說道：「請你摸摸我的腳底板。」

這個代表先是一愣，看到原一平不像在開玩笑，就按照原一平的話去做，用手去摸他的腳底。

原一平問：「你摸到了什麼？」

代表說：「您的腳底有很厚的繭！」

原一平點點頭：「對，我腳底的繭特別厚，從我工作以來，這繭一直是這樣，你知道這是為什麼嗎？」

這位代表搖搖頭：「不知道。」

原一平笑著說：「這是因為我是典型的行動派，所以我走的路比別人多，比別人跑得勤，腳上的繭才特別厚啊！這就是我成功的原因。」

　　萬事始於心動，成功在於行動。這就是成功的關鍵。所以，當你有了一些好的想法或創意時，不要拖延，更不要找藉口，而是要付諸於行動。透過行動，你就會成為這件事情的主導者；透過行動，不管是否能成功，你都會掌握主導權。有時你行動了不一定成功，但你不行動是絕對永遠不會成功的。

　　洛克斐勒（John Rockefeller）說過，人們用來判斷你能力的真正基礎，不是你腦袋有多聰明，而是你的行動力有多強。只有行動才能把心動的想法化為現實，只有行動才能實現我們宏偉的目標與遠大的理想！

　　邦科是一名雜誌社編輯，從小他就有一個想法，將來有一天能夠創辦一本雜誌。至於雜誌的報導內容是什麼，他還沒有具體想法。但自從他有了這個想法，就開始付諸實際行動，在生活中處處留心汲取雜誌相關知識，並尋找創辦雜誌的機會。

　　有一次，邦科看見一個人打開一包香菸後，就隨手把這包裝紙扔到地上。由於他從小有創辦雜誌的想法，所以對紙張類的東西很敏感。於是他就彎下腰拾起這張紙，紙上印著一個好萊塢女明星的照片，照片下方印有一句話「這是一系列照片中的一張」。看完後，他恍然大悟，這不就是香菸的一種行銷策略嗎？菸草公司利用消費者有興趣蒐集一系列照片的方式來推銷香菸。接著又把紙張翻面，竟然完全是空白的。

　　看著這張紙所帶來的靈感，邦科忽然覺得這是他創辦雜誌

的一個機會。如果充分利用香菸盒上印有照片的包裝紙，在背面印上照片人物的小傳記，這種照片的價值就提高了。他立刻找到印刷紙菸附件的公司，並向公司經理說明其想法。這位經理聽後非常贊成他的提議並答應他：

「如果你為我寫 100 位美國名人小傳記，每篇 100 字，每篇傳記我將付你 100 美元。請你提供一份預計撰寫的名人名單並將其分類，可按職業分為總統、演員、作家等等。」

這便是邦科最早的寫作任務，他回家後立刻動筆撰寫。漸漸地，他寫小傳記的業務量愈來愈大，一人無法完成，使得他必須請人幫忙。於是他請弟弟麥可幫忙。緊接著，他又請了幾名專業記者幫忙撰寫這些名人小傳記以提供給一些印刷廠。邦科用一連串的行動，成功地實現了他年少時創辦雜誌的夢想！邦科之所以能夠成功，就是因為他是一個行動派。

美國著名作家賽珍珠（Pearl Buck）曾說：「我從不等待好運來敲門，如果你一味等待，就不能完成任何事情。你必須記住，只有行動才能有所收穫。」

世間所有的成功都源自行動的積極，這是名人成功的經驗，也是我創業以來最大的體會。我當年有了創業的想法時，就選擇了創業。不管是創業前還是創辦公司後，我從來沒有想過失敗或是放棄。想到了就去行動，在行動中遇到困難就想辦法解決。千萬不要去等待，等待是換不來成功的，等待只會讓

你偏離成功的道路。

當然，我並不是鼓勵大家想到什麼都不經思考就去做，而是當你決定做什麼時，要想清楚是否值得你這麼做，經過多方考量後，一旦想清楚了，就不要再去找藉口，而是勇敢地去做，就別再瞻前顧後、徬徨猶豫了，很多時候人們的成功都是被「想沒」的，而不是被困難打敗。

因為有了行動，爬行最慢的烏龜能超越兔子，奪得冠軍；因為有了行動，愛迪生想到一個發明點子，他立刻付諸行動，親自做實驗、研究，最終成為發明大王……成功不是紙上談兵，更不是憑空想像而來的。成功需要我們付出實際行動，在行動中走出一條通往成功的路！

你主動一些，世界會為你開路

麥可‧喬丹（Michael Jordan）說：「我不相信被動會有收穫，凡事一定要主動出擊才能成功。」世間萬物的法則，永遠是用進廢退，這是不滅的真理。動物如此，人類亦是同樣的道理，一個人，要想在競爭激烈的社會中不被淘汰，必須具有一點危機意識。這樣，我們才能做到未雨綢繆，主動出擊，多一點生存的技能與智慧。

在河邊，有一隻狼要帶好幾隻小狼過河，以我們粗淺的經驗，牠一定會一隻一隻地叼過去，但事實並非如此。老狼怕自

己的子女受傷害，牠會先獵殺咬死一隻動物，把這隻動物的胃吹足氣，做成一艘鼓鼓囊囊的皮筏，藉著這個皮筏全家渡河。

在動物界，狼是一種非常聰明的動物，雖然狗與狼物種比較接近，牠們的體型也難分伯仲，但為什麼總是狗被打敗呢？因此有人對狼與狗進行了研究。結果發現，經人類長期馴養的狗，因為不需要面臨生存的危機，狗的腦容量遠遠小於狼，而生長在野外的狼為了生存，牠們的大腦被充分開發，不但非常有創造性，而且有著超乎尋常的生存智慧。

這是一個競爭激烈的時代，被動只會讓你成為挨打的對象。因過分憂慮且凡事畏縮的人，注定成不了什麼大器，唯有狠下心來主動出擊，才可能有機會獲得勝利。相反，主動出擊卻可以讓你在社會上占有一席之地。你需要清楚地知道一點，你的事業、你的人生不是上天安排的，而是靠自己主動去爭取的。遠處的風景不會自己走過來，你需要邁開自己的雙腳，主動地走向它。

US 鋼鐵公司的董事長費爾利斯（Fairless）是美國有名的鋼鐵大王。他之所以能夠從一名四處找工作的求職者，成為公司的董事長兼鋼鐵大王，就緣於他做任何事情的積極性，只要認定了就會主動出擊。

費爾利斯年輕時，有一段時間連工作都找不到。沒有工作，生活也成了問題。但他是一個主動尋找機會的人。在當地

找不到工作，他就搭火車去外縣市找工作。

在坐火車的旅途中，他無意中向窗外一看，看到一塊地正在大規模地施工。他心想：「工程這麼浩大，一定會需要很多工人，這樣我不就有工作了嗎？」於是立刻改變主意，就在附近下車後，直接走到工地去找主管。他主動向主管介紹了自己，表達了想到這裡工作的希望。

主管對他說：這裡確實是在建造一座大型工廠，但目前不缺工人。主管最後對他說：「雖然現在不缺，但工廠完工後，還是需要工人的。這樣吧，你把電話留給我，一有消息我就通知你。」

費爾利斯欣然同意。他回去後，一連等了好幾天，都沒有接到電話。按照一般人的思維，主管沒打電話，說明主管只是出於客氣才留下他的電話的，根本沒有要他去當工人的意思，最好不要把主管的話當真。

可是費爾利斯不這麼想，他認為這是一次難得的工作機會，對方沒打電話來，可能是有其他事情耽誤了。既然是自己想要這份工作，何不主動去爭取呢？於是，他再次坐火車來到工地，找到了留他電話的主管。

此時的主管已榮升廠長，廠長一見他就道歉：「年輕人，真抱歉！我本來早就想打電話給你，找你來工作的，可是我忘了把你的電話號碼放在哪裡了，正擔心不知道怎麼聯繫你，還好你來了。」

　　廠長一邊熱情地接待他，一邊立刻替他安排了工作。

　　費爾利斯進入這家工廠是做鋼鐵的。他從此進入了鋼鐵產業，因為他在工作中表現得很主動，所以績效一直做得不錯，屢次獲得晉升，最後成為鋼鐵公司的董事長。

　　費爾利斯的成功看來似乎有些偶然，其實是必然的。假如他像一般人那樣，因為接不到主管的電話就重新另找工作，可能找的工作比鋼鐵業還好。但是，此時獲得的不是一份工作，而是一種「主動」的好習慣。也就是說，他即便找到了新工作，也改不了凡事被動的習慣。所以，費爾利斯主動求來的不是工作，而是一種好習慣。正是這種主動的好習慣，始終展現在他的生活和工作中，才讓他有了後來的成功。

　　可見，我們如果在一些事情上顯得主動一些，即便你在這件事情上沒有成功，也會有其他收穫的。主動出擊帶給我們的是一種動力，一種積極的態度。在職場上求職是這樣，在生活中我們做事同樣如此。特別是在競爭激烈的時代，我們若不主動爭取，那麼即使機會就在你眼前，也會失去。因為就在你等待和猶豫的時候，別人就已捷足先登了，所以想要成功就必須拋開顧慮，主動出擊！

第六章　婚姻之美，
源於相處時的儀式感

當你願意為某人改變自己時，那是你遇到了愛情

夫妻兩人相處久了，難免會因為生活中的瑣事發生不愉快。於是雙方都要求對方改掉壞習慣，配合自己的生活方式。但可惜的是，兩個人都希望對方為自己改變，到最後誰都沒有改變，摩擦依然存在，甚至適得其反。

雖然雙方發生意見不合時，有時候確實需要自己做出一些小小的妥協，才能解決問題。但是，這並不是長久之計，夫妻想要白頭偕老、舉案齊眉，不如讓我們先改變自己來配合對方。「己所不欲，勿施於人」，想要得到他人的微笑，我們就要先和善待人；想要獲得優美的環境，我們要從自身做起，愛護環境。當我們不再把注意力放在配偶的缺點上時，而是善於發現自己的不足，改變自己，最後你會發現自己改變了，對方也變得更美了。

我的表哥娶了一個漂亮能幹的妻子，但美中不足的是，我這位表嫂脾氣火爆，經常對他大呼小叫。每次見面，表哥都會向我們抱怨表嫂的壞脾氣。

有一次，他終於忍無可忍，也對妻子發了脾氣：「我真受夠你了！你能不能不要那麼疑神疑鬼，一天到晚查我手機、質問我，你知道耽誤了我多少工作嗎？我很久沒睡過安穩覺了！」

結果是，表嫂見他發脾氣，更加火冒三丈，罵他「死鬼」。兩個人為此冷戰了半個月。

　　表哥問我：「我碰到這樣不近人情的人，我該怎麼辦？」 聽了表哥的敘述，我說：「既然你無法改變她，為什麼不嘗試著改變你自己呢？」

　　表哥很聽話，在跟表嫂說話時，他開始改變自己說話的態度，每次講話時都很溫柔、體貼，「親愛的，我知道你很辛苦，要照顧家裡，又要照顧我父母，還要管教孩子。我有時候工作太忙，難免脾氣急了點，你還是要及時提醒我，讓我改正。我們好久沒有出遊享受二人世界了，等我休年假安排個時間，我們去旅行吧！好好慰勞慰勞你對這個家的付出。」

　　表嫂聽了以後十分感動，一改往日火爆的脾氣，一家人生活得十分和睦。

　　婚姻幸福確實要靠兩個人一起努力，但每個人只能負部分責任。一個人能真正完全負責的就只有自己，做好自己，就是對家庭的最大責任。

　　改變別人，事倍功半；改變自己，事半功倍。一味地要求他人，倒不如更多地反躬自問。

　　令人感到遺憾的是，在我生活四周看到太多，把相愛的法則建立在「你愛我，就要為我改變」這個錯誤的觀念中。這不僅僅是部分人的誤解，也是多數人的觀念。

　　具有這種觀念的人，很容易把婚姻變成一所監獄，時時盯著對方的缺點，想要改變對方，讓對方變成自己理想中的樣子，最

終讓自己的婚姻處在硝煙瀰漫之中。所以如果你願意跟一個人走入婚姻，那是因為你遇到了愛情，既然愛對方，就得改變自己。

在這個世界上，我們必須為我們希望看到的而改變，家庭也不例外。以畫圖為例，讓對方在自己的圖畫中生活，那是不實際的，也是不尊重對方的表現，不要把自己的意志強加在對方身上，有些事情在我們看來很重要，可是對方未必這麼想。換個角度看看，多發現對方的優點，多反省自己的不足，先改變自己，從自己做起，才是對家庭負責任的態度。

天生一對、天造地設是童話裡才會出現的場景。現實生活裡，沒有人的婚姻從一開始就適應對方，也沒有誰一開始就能收穫幸福。俗話說「相敬如賓」、「舉案齊眉」的夫妻佳話，這是因為他們願意為對方改變，願意尊重對方，包容和接納對方。在這個改變的過程中，你不僅會看到一個全新的自己，還會擁有一個幸福的家庭。

愛，不是改變對方，而是改變自己。這是婚姻幸福、家庭和諧的幸福之道。

如何改變自己是一件非常簡單的事情，但同時也是一件非常私人的事情。我沒有一個確切的方法或者唯一的標準，只有自己才能判斷哪種方式是最適合的、也是最好的，具體的方法也可以根據對方的習慣進行改變，因人而異。不過，下面這些小技巧，能為你的婚姻生活增添儀式感：

一、獎勵配偶正確的行為

例如當丈夫主動把自己換下來的衣服放到洗衣機裡，就可以表揚他一下；當妻子做了一頓豐盛的晚餐時，丈夫也不要吝嗇自己的讚美。

二、培養「不同的興趣」

又如當丈夫想去打牌的時候，不妨邀他出去散散步；當妻子想去逛百貨公司的時候，不妨牽著她去爬爬山。

對愛寬容些，你的幸福就會來得更早些

在我身邊有不少朋友，男性朋友、女性朋友都有，已經 35 歲左右了，還沒有結婚，有幾個甚至都近不惑之年了。他們對婚姻的態度，不是真的找不到對象，而是他們對感情太嚴苛了，既然已經到這個年齡了，更不須匆忙隨便找一個了。

每當我與他們談及對另一半的要求時，他們會告訴我，愛一個人只有兩個情況，要麼是 100 分，要不就是 0 分。無論是 90 分、80 分、60 分，還是 30 分，他們都會視為 0 分。他們不允許自己的交往對象有多次戀愛經歷，不能接受對方過去在感情上的任何瑕疵，甚至不希望交往對象對自己有任何的不忠。

我的一個 36 歲的女性朋友跟我講述過她的兩次戀愛經歷：

她的第一個男友是公務員，交往了半年多時間，彼此印象

都很好。她生日那天，男友就陪她多喝了幾杯。可能是酒後失言吧！喝到最後時，男友對她說了句：「你是我交往過五個女朋友中最好的一個」。

沒想到這句話觸動了她的敏感神經，我的這位女性朋友覺得自己像吃了什麼大虧，心想都戀愛五次了，男友的感情還能純潔到哪裡去呢？當然那晚的生日聚餐最終不歡而散，就這樣她和男朋友分手了。

她的第二個男友是個商人，可以說事業有成。他工作很忙碌，但並沒有因此而忽略對她的照顧。一次，男友正在外地談業務，結果我朋友突然生病住院了。男友一接到她的電話，什麼都沒說就立刻趕了回來。

這舉動讓我朋友很是感動，她覺得自己堅持單身這麼久終於找到了真愛。當準備和男友結婚的時候，男朋友向她坦白了過去曾有一段短暫的婚姻。我朋友又頓時覺得這是對她的侮辱，她絕對不可能和一個曾離過婚的男人結婚，於是一怒之下又和男友分了。

我舉的這例子有點極端、有些不可思議，但它提醒我們在感情中，對交往對象太過挑剔、苛刻，是造成很多大齡未婚者的一個致命因素，同時也是阻礙幸福的一大原因。或許是他們太過優秀，也或許他們早已不相信愛情。

不管是誰，我們的內心都渴望著一份完美的愛情，期待著

一個幸福的家庭。然而由於我們對愛情的要求太過苛刻，有太多本來可以好好把握的姻緣，只因我們的一念之差，就悄悄地流逝了。

這個世界上很難存在絕對完美的男人或女人，即使是那些過得很幸福的夫妻，他們愛情的開始和最終的結合，也沒有我們想像的完美。幸福的婚姻是經營出來的，而不是新婚時就一步到位的。

所以，希望那些單身的大齡讀者，別對感情要求太苛刻了，只有對交往對象少一分苛刻，才能為自己多爭取一次幸福的機會。

兩個人能走到一起是緣分，何必一定苛求他（她）有多愛你、他（她）能愛你多久。只要一個前提——你快樂嗎？你開心嗎？對「愛」寬容些，你的幸福就會來得更早些、平順些。在這裡，教給大家一個寬容對方的小技巧，那就是發生衝突時，及時「踩煞車」。

夫妻之間發生口角，可以說是再普通不過的事情，但是有些夫妻因為太過計較，不懂得寬容，常常做出一些無法挽回的事情。因此，當夫妻鬧彆扭時，一旦發現情緒失控，就要緊急「煞車」，回正「方向盤」，這樣才能讓婚姻在愛的方向下繼續前行。

珍惜身邊的愛，是你對愛最好的回饋

世上有一種愛，雖沒有血緣關係，卻讓我們在人生路上不再孤單，它將相依相伴直到我們終老 —— 這就是夫妻之間的愛。

朋友曾經向我講述一個故事：

故事的女主角和丈夫相差 9 歲，初期丈夫像一個長者般處處呵護著她，她覺得很幸福。隨著孩子的出生，丈夫漸漸不如從前關心她了，孩子取代了她在丈夫心裡的地位。而她也開始承擔起繁重的家務。接著丈夫的工作愈來愈忙，到外地出差也是常有的事，即使偶爾打電話回家，也只是關心孩子的話題。

她感到了深深的失落，開始向男同事小李抱怨對丈夫的不滿。小李是一個體貼的同事，從起初的談心、到陪逛街、陪看電影，小李對她呵護有加。談心多了、相處久了，小李對她表示了好感，她的心開始動搖了。對於她的變化，丈夫似乎毫無察覺、也不在意。她對自己的婚姻失望到了極點。

在小李的慫恿下，她打算向丈夫攤牌。而就在此時，她忽然接到出差在外的丈夫打來的電話，他的聲音很虛弱的說自己被車撞了，剛做完手術。那一刻，她覺得晴天霹靂，心裡的焦急、擔心無以言表，而對丈夫的不滿變得煙消雲散，並以最快的速度趕到醫院見了丈夫。

幸好丈夫沒有生命危險，她徹夜細心地照顧著他，生怕一不小心，丈夫就會離開她。當丈夫慢慢地康復的一天，對她說：「對不起，這些年讓你受苦了。其實我心裡很清楚你付出的一切，但是你知道我為什麼要這麼對你嗎？」

她以為丈夫發現她變心了，緊張得不能呼吸，他說：「從我見到你的那一天起，我就認定要你做我的妻子，但同時也因為我比你大9歲，將來萬一我先走了，你要孤獨地生活那麼多年，我的心就很痛，我的內心是想疼你、寵你的，但是我希望將來你有能力可以獨自生活，不用靠孩子來照顧你。所以這些年我讓你獨自面對很多事，是為了訓練你將來可以獨立生活，所以請你不要怪我。」

如此一份濃烈、已經融入到生命裡的愛，當她用真心去體驗時，即使心如石頭也會變軟，這樣的幸福她怎麼能放棄呢？夫妻之間的愛，就像左手和右手，在平淡的生活中，你會忘了它的存在。但是一旦面臨失去，你會有切膚之痛。

不論是和父母之間的親情還是夫妻之間的愛情，這種愛其實一直陪伴在我們身邊。但我們常常因為日夜相伴、過於熟悉彼此而不懂得珍惜，以最壞的脾氣和忽視的冷漠，來對待我們最親的人和最愛我們的人。

請珍惜眼前的一切，珍惜身邊的愛。人生是一張單程車票，永遠不知道明天會發生些什麼，不要讓心活在將來的懊悔

當中，我們要好好地愛身邊的人。

夫妻之間的愛情，貴在向對方表達體貼與溫情。我們每一天的貼心關懷就是讓他們感到幸福的方法。你只要在出門臨別之前，給對方一個擁抱；或是每天陪著配偶看看電視、聊一聊天。

只要你足夠愛生活，再悲慘也有人願意愛你

在這個世界上，有一種普通的人從他們一生下來，就開始忍受著命運的不平對待，遭受著種種坎坷一路顛簸，似乎活著就是為了嘗盡世間的種種艱辛。據說這類人當中又以女人占了多數，我的朋友朱蘭就不幸的屬於這樣的人。從她懂事到現在的記憶中，全部是不堪回首的過往，4歲時母親去世，脾氣暴躁、重男輕女的父親，幾度把她送去當童養媳，都被大她6歲的哥哥抱了回來。雖然能夠僥倖留在原生家庭，但她5、6歲時就被父親逼著做家務，8歲時學會了為全家做飯，家事全部由她來承擔。

朱蘭在9歲時，才在親戚的幫助下進入學校就讀。因此她非常熱愛念書，從小學到大學一直在班上名列前茅。她研究所畢業後，為一家外商公司高薪聘用。她相當珍惜這份得來不易的工作機會，能力出眾、業績出色加上敬業態度，深得董事長的賞識。在她28歲那年，就已經升為副總了。

　　年輕、漂亮、能幹、財務獨立的朱蘭，每天下班後開著公司的配車，回到自己貸款買的房裡。如果生活這樣一直下去，那麼她還算一個幸福的女孩，可命運多舛的她，29 歲那年經由客戶介紹，認識了一個叫鄒坦新的同鄉。

　　此時的鄒坦新剛離婚，還欠了一屁股債。他初次見朱蘭時，先是被她的氣質和美貌迷倒，接著又開始打她錢財的壞主意。當鄒坦新殷勤地向她發出追求的攻勢時，立刻遭到了她的拒絕。

　　男人追女人隔層山的難度，就在於對那些高傲、根本就看不上自己的女人時，男人會感到自尊受到了威脅。在面對難追的女人時，男人通常會有三種選擇：一是主動放棄；二是死纏硬追，哪怕追不到也要耗下去，企圖用痴情來感化女人；三是借用各種手段逼女人就範。

　　正常情況下，有自知之明的男人會選擇第一種方式，第二種是愛得有點痴的男人，第三種男人則帶點病態。鄒坦新就屬於第三種男人。他是一個標準的生意人，曾有過一點錢，尋花問柳也是常事。妻子也正是為此跟他離了婚，一個沒有錢、品德不好、外貌也低俗的男人，自然會讓女人避之唯恐不及。

　　在愛情中，這樣的男人是不清醒、不理智的，遇到此類男人是女人最大的不幸。自從朱蘭被視為他的獵物起，她的悲劇人生就開始了。

　　鄒坦新久追朱蘭不得手後，最終決定用一個卑鄙的手段占有她。他藉著同鄉邀她吃飯談工作的機會，偷偷地在她的杯裡下藥。再騙同桌客戶說送她回家，結果卻把她載到自己的出租房間後強行占有了她。

　　失身後，清高的朱蘭對生活徹底絕望，雖然鄒坦新信誓旦旦地說要娶她，可是她的心死了。幾個月後，她發覺自己懷孕了，才不得已跟鄒坦新取得聯繫。由於當時胎兒太大，她只好被迫答應與他結婚。

　　更讓她想不到的是，婚後的生活比想像中的還要糟糕。愛喝酒的丈夫只要一喝醉，就會動手打她，並對她進行言語的羞侮。因懷孕造成的身體不適感加劇，她不得不向公司請了長假。這讓一切向錢看的他，更加嫌棄不再賺錢的她了。就在一個女人最需要幫助的懷孕階段，好吃懶做的他，以開公司為由，偷了她的存款，在外面花天酒地、夜不歸宿。

　　朱蘭幾次想了結自己的生命，但是肚子裡的孩子，又讓她一次次從死亡邊緣逃了出來。就在她即將生產之際，丈夫又突然消失了。她挺著大肚子去找她以前的客戶、也是丈夫的同鄉時，才得知原來丈夫還欠他幾十萬塊錢呢！遭受重重打擊的她，精神恍惚地走在路上，突然感覺到肚子一陣劇烈疼痛，卻邁不開腳步，只好順勢扶著停在路邊的一輛車。

　　「小姐，你怎麼了？」車主急忙下來扶住她。此時的朱蘭臉

上滿是汗水，見到有人扶她，本能讓她緊緊地抓住對方的手喘著氣，張著嘴卻說不出話來，突然眼前一黑，暈了過去。

朱蘭醒來時躺在醫院的病床上。見她醒來，一個陌生的男子驚喜道：「你終於醒了！」原來他是那輛車的車主，是他把昏迷的她送到醫院，也是他在生死關頭為她簽字進行急救的。

他叫關寧。

在這個人人自危的年代，一個男人冒著被人說閒話、被人敲詐的風險，把一個昏迷的孕婦送到了醫院，需要多大的勇氣。

接下來的事情發展正如我們想像的，在關寧的幫助下，她順利地在醫院生下了女兒，包括醫生在內的所有醫護人員，都認定他們是一對恩愛的夫妻。

關寧並不在乎這些，他不但為她聘請了月嫂照顧朱蘭，每天還會抽出時間來看她和女兒，對她的關心和呵護超出了一個好丈夫對妻子的寵愛。特別是對於剛生完孩子的女人來說，這份愛就像嚴冬裡的一堆炭火，溫暖著一個飽受苦難的她的心。

身旁的人都能輕易看出關寧對朱蘭的愛，奇怪的是關寧從來沒有向她說過「愛」這個字，但這正是她所期望的。雖然這久違的真愛，喚起了她對愛情的渴望。她生平第一次，產生了與他相伴終生的強烈願望。但她沒有說出來，她是有自知之明的，以自己這種不堪的經歷與身分，來奢望和一位事業有成、英俊瀟灑的未婚男人結婚，簡直是痴人說夢。

　　半年後，為了躲避這份遲來的愛戀，也為了開始新的生活，朱蘭向法院提出了離婚申請，不久法院就判了她和依然沒有音訊的丈夫離婚。

　　朱蘭把房子賣掉後，留下一封信和一筆錢給關寧，悄悄地帶著女兒搬到另一個城市重新生活。她一邊試著淡忘痛苦的回憶，一邊過著與從前沒有任何關係的生活。在新的城市剛安頓好，以前照顧女兒的保姆就打來電話，向她關切地詢問她女兒的情況。時間長了，自然也就沒有戒心的把新家地址告訴了保姆。

　　為了生活也為了方便照顧女兒，擁有高學歷和外商高階主管經驗的朱蘭，竟在一個小超市當收銀員。最初幾個月，她只領 25,000 元的薪資，在繳完女兒的幼兒園學費之後也所剩無幾了。這種窘困的日子直到女兒 3 歲時，才有所好轉，這時的她因為工作認真、能力強、反應快，已經升格為代理廠商的行銷主管。這時的收入已經能夠勉強維持生活開銷了。

　　在一個迷人的黃昏，正當朱蘭像往日一樣匆匆地趕著下班，準備到幼兒園接女兒，剛走出公司的大門就隱約感覺到有一雙眼睛注視著她。她四下張望，卻又找不到。

　　當她來到熟悉的站牌等公車時，附近的一輛紅色轎車中走下來一名男子，在看到他的剎那間，朱蘭有一種恍若隔世的感覺。她彷彿又回到了那不堪回首的日子，是這個男人像一棵樹

一樣，為她遮擋住了塵世的血雨腥風。

關寧！

關寧微笑著，兩年不見，他似乎成熟了很多。當他走近朱蘭時，輕輕說道：「你讓我找了好久啊！但我始終堅信一定會找到你。」

關寧看著她的眼睛說：「走，我們一起去接女兒。」

在車上，關寧把隱藏多年的祕密告訴她。原來，關寧和朱蘭從國中時就讀同一所學校。當年關寧曾是她的追求者之一，只因朱蘭眼裡只有課業，才讓他不得不選擇另一種追求方式 —— 他默默地關注她、守護她，並要求自己和她一樣優秀，和她一樣考上了第一志願高中，又上了同一所大學、研究所，只是不同系所。

大學畢業後，他曾經和朱蘭分別進入了同一家外商公司，她在行銷部門，他在研發部門。他一直在等待著，等待她有一天能夠回頭看他一眼。可是，她從沒有回過頭。但是當她因結婚之名而草率離職時，他感到事有蹊蹺。

關寧說：「你知道嗎？其實我就住在你的樓下，你和前夫間的爭吵我都知道。當你懷孕時我很不放心，為了能繼續守護你，我辭掉外商工作自行創業，才有了送你去醫院的機會。我細心地照顧你卻不願向你示愛，就是不想乘你之危，想過段日子等你緩和思緒、平靜生活後再表白。可是讓我始料不及的是

你就不動聲色地消失了。我是從保姆那裡得知你的近況的。」

在關寧平緩的道盡愛意時，朱蘭止不住的淚水滂沱而出，這是辛酸的眼淚、幸福的眼淚。她從來不曾想到像自己這樣有段不堪過往的女人，會得到這樣一個好男人的愛。

不久，他們結婚了。婚後的朱蘭終於嘗到和深愛的人一起生活的美果。很多次她都懷疑這如夢的婚姻是否為真，直到兒子的出生才打消這個懷疑。當她和關寧飯後帶著一雙兒女散步時，幸福就如潮水般將她包圍，讓她忍不住感慨地想，生活原來是如此豐富有趣，只要你夠熱愛生活，你便能得到深愛你的人，享受到多姿多彩的生活！

共同成長，才是婚姻該有的樣子

在如今的家庭生活中常出現一種情況，如果一方緊跟社會脈動、與時俱進，但另一方則「隱居」在家，不思進取、與社會脫節，這會導致兩人漸行漸遠，慢慢產生隔閡，最終必然造成家庭失和。

所以我認為相互勉勵、攜手共進的相處模式，有利於兩個人一同進步、成長，樹立一致的目標、培養共同的興趣，這樣的婚姻和愛情才會有活力，幸福才會持久。

一位朋友小莉和老公孫嘉興交往時十分甜蜜、到處放閃、

羨煞旁人。小莉非常黏人、依賴人，但那時沉浸在愛情裡的孫嘉興認為這就是「愛」，沒過多久，兩人就閃婚了。

結婚後兩年，小莉遇到了工作的瓶頸，做什麼事都不順，每天回家都是氣呼呼的；而孫嘉興的事業正如日中天，已是部門主管了，薪資足以負擔家庭的開銷。於是，小莉毅然決然地辭去工作在家相夫教子，每天除了張羅柴米油鹽醬醋茶，就是逛街、購物、追劇……，就這樣過了一年，小莉愈來愈心虛了。

原來小莉發現自己和丈夫愈來愈沒有共同話題了，除了要繳水電、瓦斯費，水龍頭壞了要修等生活瑣事之外，實在是沒有別的話題可聊了。她聽丈夫興致盎然的談著事業規畫，高談闊論的說著外面的世界，突然覺得丈夫變成了另一個人，覺得兩人的世界變得好遙遠。小莉非常害怕失去丈夫，對丈夫的依賴變本加厲，每天至少要打五、六通電話到丈夫辦公室。

更嚴重的是，小莉懷疑丈夫有了外遇，每天下班第一件事，就是質問丈夫今天做了什麼，甚至還檢查他的手機紀錄，這讓丈夫徹底忍無可忍。沒過多久，孫嘉興真的外遇了，他明目張膽的牽著另一個女人的手，出現在小莉面前對她冷漠地說：「我們離婚吧！因為你無法和我一起成長。」

愛情和婚姻是既神聖又美好的事情，但如果兩個人不能共同成長，一起進步，再堅固的感情也會被兩人愈來愈大的差距消磨耗盡，這也就是小莉離婚的癥結點。婚後的女人不應該一

直沉浸在愛情的甜蜜裡，花前月下、耳鬢廝磨只是暫時的。男人需要的是能和自己一起成長的好伴侶，而不是一個只會撒嬌發嗲的小女人；只關心柴米油鹽醬醋茶，不知道獨立的女人，就會跟不上男人進步的腳步，最後兩人的鴻溝愈來愈深，直到最後葬送了這段來之不易的感情。

所以，我認為只有處於同一心理層次，兩人的相處才最自然、最輕鬆、最平和，婚姻最好就是兩人發展同步而且是共同進步的。

不要以為結了婚就能幸福到終老，一張結婚證書並不能拴住對方一輩子。如果對方在不斷進步，自己卻「不思進取」，這就像龜兔賽跑，當雙方差距愈來愈大，最後只會被對方甩得遠遠的，自己和配偶間就多了一條無形且無法跨越的深淵。如果不願自己與配偶相行漸遠、日漸陌生，在你追求進步的同時，不要忘了提醒伴侶一起努力學習；反之，若看到對方不停的進步，自己也要努力跟上。相互勉勵，共同進步，這才是幸福家庭該有的樣子。

現代社會的離婚率愈來愈高，很多人都在抱怨「很難找到能夠相守一生的人」。其實，其中很大原因就是缺乏共通語言、共同話題，缺乏同舟共濟的生活體驗。因此，不管男人還是女人、丈夫或妻子，想要擁有幸福的家庭，最重要的就是激勵對方和自己一起進步。

　　舉個簡單的例子，女人可以幫助男人經營更和諧的人際關係。當丈夫的朋友來家中做客時，妻子面帶微笑地迎接，準備一桌可口美味的飯菜款待他們，丈夫不僅有面子，他和朋友間的關係也會因此更融洽。那麼當丈夫日後遇到困難時，朋友們就願意慷慨解囊。

　　不僅女人可以成就男人，男人也可以成就女人。現代女性都非常獨立、自主，但女性畢竟也有脆弱的時候，當妻子遇到困難、瓶頸，丈夫能挺身而出為妻子出謀獻策，等到妻子解決完棘手問題後，必定會投入更多的熱情與心力到婚姻裡。

　　不管男人還是女人都需要另一半的支持。所以婚姻中的兩個人都要在對方遇到困難時，不離不棄，陪伴左右；在對方迷茫時，指點迷津，出謀獻策。讓蕙質蘭心的妻子成為丈夫的賢內助，讓足智多謀的丈夫成為妻子的智囊團。夫妻二人在婚姻中要不斷彼此學習，這樣才能創造出幸福完美的婚姻。

　　雙方在一起進步時，也要掌握好正確方向。就像拔河一樣，兩個人要往「相同」的方向使力，「相對」和「相向」，差一個字卻有天地之別，畢竟「夫妻同心，其利斷金」。確立一個大家都能接受的共同目標、往共同方向邁進，這也是創造幸福生活的關鍵。

不要恐懼婚姻中的無趣和平淡，只要你感覺踏實

　　朋友近來很不開心，常向我抱怨不該走進婚姻的墳墓。

　　她說：「我們已結婚六年了，前幾年他對我還不錯，陪我逛街、遊玩、送禮物、接送我上下班。最近這兩年，他開始拒絕陪我逛街，寧願自己在家看書、上網；若說出去遊玩他總嫌累，說假日人太多不好玩；我的生日還有紀念日，他已全忘光了；接送我上下班就更別提了，說什麼這麼大的人了，自己回來多簡單。」　當初就是看上他的溫柔體貼，沒想到結婚後完全變了樣。她的抱怨，我是可以理解的，同樣身為已婚的職業婦女，我們的感受也是相似的。

　　情侶兩個人戀愛時神祕、熾熱，看山不是山，看水不是水，一切都是那麼美好；結婚後，夫妻兩個人的作息、習慣、怪癖全部透明地攤在彼此面前，我們會發現對方缺點正是自己的死穴，因此而憤怒、嫌棄、厭惡，衝突激烈時，也會萌生離婚之意，甚至冒出掐死對方的念頭。

　　然而，婚姻的本質就是歸於平淡、真實的生活狀態。想要擁有一個和諧的家庭、幸福的婚姻，我們就要用寬容和甘於平淡的心態去對待。

　　我們社區裡有一對恩愛的夫妻都已近七旬了。我常看見他們一起出門買菜，老奶奶負責挑選採買，老爺爺在一旁推著購

物車。一次我在社區中庭散步時，剛好碰到他們牽著手一起散步，我們一邊走一邊聊天。原來每週他們都會安排兩天出遊，選擇一個好天氣，並精心打扮自己。每次遊玩回來，還會將美麗的照片剪輯合成精彩的影片存放起來。每個月還安排跟朋友們聚會，或唱歌，或打牌，或跳跳交際舞，總之他們的生活十分怡然自得。

因為生活幸福，二老神采飛揚，健朗矍鑠，看起來不過五十出頭的樣子。

我曾經冒昧地問：「為什麼你們一輩子都這麼恩愛、不爭吵，到底有什麼祕訣呢？」

老奶奶回答說：「年輕時我們也爭吵過，看不慣對方，對生活不滿意。我們的關係像坐雲霄飛車似的，好的時候就往上衝，驚喜連連；差的時候就直衝到底，驚嚇連連。這種極端的情緒讓我們感到很疲累，更感受不到婚姻的幸福。時間長了，我們發現彼此關係愈平淡，反而幸福感受愈強，婚姻就像白開水似的，雖然無色無味但卻甘甜無比，滋潤著彼此且有益身心健康。於是雙方約定每當看見對方生氣時，就立刻閉嘴不要再刺激對方，生氣的人也就消氣了。」

老爺爺回答說：「我特別喜歡畫小橋流水，我覺得我們的婚姻生活就像溪水一樣細緩、清淡，一路上充滿了愛！」

婚姻就像一座城堡，站在外面的人總以為城堡裡住著王子

和公主，他們不是在花園裡漫步，就是在月光下共舞，吃著燭光晚餐、聽著古典樂⋯⋯。事實上，這樣童話般的婚姻在現實中極為少見。

　　大部分人還是要透過辛勤的工作來應付、滿足生活的各項開銷需求，回到家裡要面對三餐的柴米油鹽醬醋茶等瑣事。妻子在家裡忙得不可開交，像隻八爪章魚，根本沒時間抬頭看丈夫一眼；丈夫在電腦前準備著明天開會的資料，都不知道妻子今天穿了一件新衣。什麼我愛你、愛的抱抱都成了生活的奢侈品。當家庭食譜成了架上書；當《唐詩》、《宋詞》成了裝飾品；當昔日帥氣的陽光男孩開始變成中年大叔⋯⋯婚姻讓王子和公主了解到什麼叫「夢想很美滿，現實很骨感」。對於他們來說，心理當然是有落差的。

　　其實，婚姻的本質之一是讓兩個陌生人走到一起、生活在一起。從此以後，要學會接納你生命中的這個別人，他跟你很不一樣，但他是你終生的伴侶、你的配偶，需要學會如何與他友愛共處，愛他身上的一切優點和缺點，始終去包容他。

　　也許，他不愛做家事、大男人主義，但他對家庭非常負責；也許，你們生活得很簡樸，但你們坦蕩平和、踏實幸福；也許，你們沒有浪漫的約會和燭光晚餐，但他下班會帶回你最愛吃的零食⋯⋯

　　幸福的婚姻就是在漫長的人生道路上，你們兩人一起努

力，踏實地走好每一步，在平淡中享受幸福。幸福的婚姻是「熬」出來的，用文火慢燉的湯頭更加香醇，令人回味。

婚姻生活本來就是一種現實的生活，完美無缺的婚姻只存在於人們的遐想和文學作品中。然而，只要夫妻雙方共同去努力，在日常小事上多一些體貼和關愛，夫妻婚姻的幸福就會大大增加，同時也為平淡的婚姻製造更多的驚喜。

需要提醒讀者的是，雖然我說愛是平淡中的踏實，但在婚姻裡，有一個幸福的殺手是需要雙方警惕的，那就是「嘮叨和抱怨」。

在生活中，很多人都沒有意識到這一點，以為自己的嘮叨是對對方的愛，以為嘮叨可以改正對方的缺點。而對方總會對這樣的嘮叨表現出厭煩的情緒，採取的對策不是裝聾作啞，就是躲避逃跑。鬧到最後，婚姻不得不陷入僵局。

所以，要想維持家庭生活的幸福和快樂，寬容是必須的，千萬不要對自己的伴侶喋喋不休。

牢固的婚姻需要「聰明」地付出

27 歲、兩個孩子的母親，已經歷過一次婚姻的「她」，幾乎是在看「他」的第一眼時，就深深地愛上了他。這種愛，是一種願意與他共度一生的愛。因為在他的眼神裡，她感覺自己彷彿

回到了少女時代，回到與已故丈夫初識那一見鍾情的一刻。

　　曾經，15 歲的她與長她 20 歲的丈夫初次見面時，他們就相互受吸引，儘管他們的婚姻歷經了種種波折，但最終還是有情人終成眷屬。

　　婚後的生活是那麼美好，相敬如賓、恩愛與共的他們，一起養育了兩男兩女，幸福的婚姻令她對生活充滿了感恩。她感謝上帝給了她幸福的婚姻；感謝丈夫給予她的親密之愛；感謝活潑可愛的兒女帶給她歡笑的生活；感謝每個晴天、雨天，和丈夫及孩子相處的每一個時刻。

　　然而，人生並非總是一帆風順，幸福也並非是沒有磨難的。第一件不幸就是她兒子的病逝，接著又是女兒的離去，當不幸一連串地來到的時候，她選擇默默地承受。面對難以接受兒女相繼離去、因病痛而日漸衰老時的丈夫，她強忍住重大的悲痛，用女人的溫柔、妻子的柔順來安慰、鼓勵丈夫，她想用濃濃的愛縫合丈夫因失去子女所留下的傷口，儘管她和丈夫一樣痛苦。

　　她炙熱的愛最終沒能留住丈夫，當丈夫與兩個孩子一樣相繼離開她時，她覺得自己的淚水已乾，心傷到極點，勉強支撐著處理完丈夫的喪事後，便筋疲力盡了。

　　親戚朋友看到她精神不濟、萎靡不振，就一起商量讓她換一個環境，於是她搬到妹妹家同住。幾年後，又在大家的安排

下，才有了她與他的相遇。

她是經歷過幸福婚姻洗滌的女人，身上有一份優雅、樂觀的女性特質。他是一位身經百戰、忠信貢獻的軍人，被她深深吸引。於是他們相愛了。

他們的愛很快得到雙方朋友和親人的祝福。不久，他們就舉行了婚禮。儘管她是繼承了數百萬遺產、擁有千畝田地和莊園、別墅的女富豪，但她認為既然結了婚，就要專心照顧丈夫。於是她把家產交給專人管理，就跟著丈夫離開了生活多年的地方，遷移到他哥哥的一個山莊寄居。

他與她一起動手整理了年久失修的莊園。她視他的一雙兒女如己出，和他們在莊園的太陽下追逐嬉戲。她坐在窗前靜靜地觀望著，久違的幸福又回到她臉上。那一刻，她心中有個聲音告訴自己，要生養一個流著他和她共同血緣的孩子，讓這個愛的結晶一同享受家庭的愛。

婚姻與愛情最大的區別，就是夫妻雙方要習慣柴米油鹽醬醋茶的生活瑣碎。在一次與朋友的聊天中得知，在與她交往之前，丈夫曾經迷戀一個出身好、長相漂亮的已婚女士。他在婚後，依然與女士保持聯繫。

知道了這些以後，她心裡曾有那麼一點點失落，但她並沒有埋怨或惱恨對方，而是決定從自身出發，省思自己身上到底欠缺什麼。

　　有一天，她應他的邀請到會客室去見他最親愛的訪客時，因為她腳步輕，丈夫和訪客們不知道她進來，於是看到了令她心碎的一幕，丈夫用一種充滿感情而又敬慕的眼神看著這位訪客的夫人。

　　這位女訪客正是丈夫婚前迷戀、婚後仍念念不忘的那位已婚女士。丈夫這種含情脈脈的注視，在她這裡從來沒有出現過，婚前沒有，婚後更沒有。

　　她與訪客們打過招呼後，就加入了談話。第一次，她驚訝地發現，這位已婚女士不愧是出身於有教養的家庭，她的談吐、文學修養以及辭藻的表達，都是那麼的優雅、出色。正是從她身上才豁然明白，丈夫身上那些迷人的談吐，原本是受這位難忘的紅顏知己的影響。

　　接下來她明白，夫妻的愛不僅僅是理解和付出，還需要有一種高貴的特質來吸引、影響對方。丈夫吸引她的不正是他身上那種對國家、對家庭的責任感嗎？

　　她支持丈夫為了國家和國民的幸福，再次穿上軍裝去征戰。留下她一個人帶著孩子獨居莊園。每次接到丈夫的來信時，她都會用最真的愛和理解，給予回覆。

　　一次當丈夫希望她去部隊探視他，但又擔心軍旅生活苦了她而猶豫時，她毅然前往。帶上她親手為丈夫和士兵們做的可口食物。在那艱苦、危險的環境中，她一邊照顧丈夫，一邊帶領當地

婦女，照顧士兵們的飲食起居。就這樣她用自己的行動證明對丈夫的愛，不禁令丈夫對她另眼相看，就連士兵們也喜歡上了她。當戰事緊張，她不得不離開前線時，丈夫第一次對她充滿了留戀。

她回家後不久，便收到丈夫的來信，丈夫在信中親切地稱她為「最親愛的」。在看到信的開頭這幾個字時，她淚流滿面。終於，她用自己的行動讓自己成為了丈夫「最親愛的」，這將意味著，她終於取代了丈夫心目中那個出身名門的已婚女士。

戰爭結束後，她朝思暮想的丈夫回來了。她終於可以和丈夫過著自由快樂的田園生活了。然而，沒過多久丈夫因為國家的需求又再次回部隊，她心中百般不願但還是答應了。過些日子後，為了和丈夫全家人生活在一起，她遠離家園跟著丈夫來到大都市，陪丈夫一起競選總統。

在這個繁榮、時尚之都，滿街打扮精緻的美貌女子，特別是當丈夫將要達到成功之巔峰時，有許多條件比她優秀的女子主動來追求丈夫。可是在丈夫眼裡，在那一群仰慕他的談吐不俗的絕色女子中，儘管妻子年華不在，甚至已容貌蒼老、體態臃腫，但妻子那貼心的話語、不經意的眼神，卻是再美的女子都比不上的。

到了他這個年齡，所鍾情的依然是曾共患難、仍不離不棄的妻子啊！他從年輕多夢的時代，到現在的功成名就，都是妻子精心協助經營的結果。

在他順利當選總統後，他比以往更愛她、寵她、在乎她、依賴她，不管什麼事總愛聽聽她的意見。當八年的總統任期結束，他又像早年征戰結束後，懷著欣喜的心情想急切地回到她身邊。與當時不同的是，這次是「他跟著她」，一起榮歸故里，那個「他為她」親手建造的莊園。

她就是馬莎·華盛頓（Martha Washington），丈夫就是大名鼎鼎的喬治·華盛頓（George Washington）。為了成就丈夫，她犧牲自己、耐著性子做一些不願做的事情。在他們幾十年的婚姻生活中，兩個人沒有爭吵過一次。他們的婚姻成為人們千古流傳的佳話。

這就是穩固的婚姻。它的穩固既不會因為男方的成功而變心、拋棄糟糠妻，把女人變成怨婦；也不會因為女方的富有而擺架子，讓男人變得自卑。穩固的婚姻取決於無論何時何地，身為妻子的你，時時用愛的眼光、愛的行動來感化丈夫，也取決於那個願意接受妻子這種愛和行動、並樂意回饋愛給妻子的丈夫 ── 婚姻就是這樣的現實。愛他，你就得在他面前想著改變自己；愛她，你就得在輝煌的時刻懂得怎樣去回饋她的愛。

電子書購買　　爽讀 APP

國家圖書館出版品預行編目資料

因為生活太單調，所以要在日常加點儀式感：
以微薄薪資把生活過成詩 / 楊洋 著 . -- 第一版 .
-- 臺北市：崧燁文化事業有限公司 , 2024.02
面；　公分
POD 版
ISBN 978-626-357-968-2(平裝)
1.CST: 成功法 2.CST: 生活指導
177.2　　　113000134

因為生活太單調，所以要在日常加點儀式感： 以微薄薪資把生活過成詩

臉書

作　　　者：楊洋
發 行 人：黃振庭
出 版 者：崧燁文化事業有限公司
發 行 者：崧燁文化事業有限公司
E - m a i l：sonbookservice@gmail.com
粉 絲 頁：https://www.facebook.com/sonbookss/
網　　　址：https://sonbook.net/
地　　　址：台北市中正區重慶南路一段六十一號八樓 815 室
Rm. 815, 8F., No.61, Sec. 1, Chongqing S. Rd., Zhongzheng Dist., Taipei City 100,
Taiwan
電　　　話：(02) 2370-3310　　傳　　　真：(02) 2388-1990
印　　　刷：京峯數位服務有限公司
律師顧問：廣華律師事務所 張珮琦律師

-版權聲明

定　　　價：350 元
發行日期：2024 年 02 月第一版
◎本書以 POD 印製
Design Assets from Freepik.com